孩子这样教
最聪明

[韩] 郑在恩 著

陈彦安 译

中国出版传媒集团·湖南人民出版社

图书在版编目（CIP）数据

孩子这样教最聪明 / （韩）郑在恩著 ；陈彦安译. 一长沙：
湖南人民出版社，2010.9
ISBN 978-7-5438-6852-6

Ⅰ．①孩… Ⅱ．①郑… ②陈… Ⅲ．①家庭教育Ⅳ．①G78
中国版本图书馆CIP数据核字(2010)第191268号

湖南省版权局著作权合同登记
图字：18—2010—108

出 版 发 行：中南出版传媒集团·湖南人民出版社
　　　　　　（地址：长沙市营盘东路3号 410005）
经 销 者：全国新华书店
印 刷 者：三河市燕春印务有限公司
开　　本：660×920　1/16
字　　数：180000
印　　张：17
出 版 时 间：2013年9月2版1次
出 版 人：李建国
责 任 编 辑：胡如虹
特 约 编 辑：段　凯
美 术 编 辑：靳　莹
封 面 设 计：齐　娜
ISBN 978-7-5438-6852-6
定　　价：51.00元

联 系 电 话：010-56261858
邮 购 热 线：010-83886548
传　　真：010-83886548
公 司 网 址：www.yuedufang.cn
投 稿 邮 箱：ydfbook@126.com

Contents 目 录

 妈妈，您的优点是什么·2

 在识字、数数前先进行美术教育——美术达人：崔妈妈·7

想画什么就画什么·9

对待孩子美术作品的正确态度·11

不要"教"，要"让他们自己表现"·12

给妈妈们的嘱咐·15

坦白·16

生病的孩子也要有自控能力·20

把孩子托付给班主任·23

给老师的拜托信·24

给班主任的感谢信·26

哥俩之间·27

解决哥俩矛盾的方法·29

美术教育和美术治疗·30

劳恩菲尔德的绘画阶段论·40

崔妈妈的美术游戏·41

如何看待美术在孩子一生中起到的作用·43

我要学习之崔妈妈的优点·44

崔妈妈的小贴士·46

第二章　学会吃才能懂得生活——健康饮食达人：蔡妈妈·47

吃加餐的孩子们·49

让孩子从小就知道什么东西对身体好·51

扶正孩子的餐桌·54

儿童与优质蛋白·57

如何喂孩子·58

蔡妈妈的巧手·63

给不会做饭的妈妈的餐桌建议·67

制作美味的糙米饭·68

糙米为什么好·69

给孩子吃时令食物的理由·73

轻松做年糕·75

你的厨房够温暖吗·76

蔡妈妈家的餐桌（区域不同，仅供参考）·77

我要学习之蔡妈妈的优点·80

蔡妈妈的小贴士·82

第三章　亲身经历过才能活学活用
　　　——寓教于乐的教育达人：李妈妈·83

练习册以后再做·85

"印在纸上的数字"不是数学·88

感悟·91

妈妈的故事·94

幼儿教育的双套车——游戏与学习·99

夯实基础的比较类游戏（适合2岁以上的孩子）·101

形象思维训练Ⅰ（适合5岁左右的孩子）·101

形象思维训练Ⅱ（适合6~7岁的孩子）·102

形象思维训练Ⅲ（适合7~8岁的孩子）·102

预测能力训练（适合5岁以上~小学一、二年级的
孩子）·103

玩好数学游戏的要领·106

让孩子变得既聪明又幸福·108

我要学习之李妈妈的优点·110

李妈妈的小贴士·112

第四章　只有学好母语，才能学好英语
　　　——英语教育达人：张妈妈·113

英语是我的好朋友·115

胜贤的英语剧本·116

打破英语教育的误区·120

对课外辅导说不·122

不会紧抓着孩子，也不会烦她·124

我所遇到的英语学习方法·127

"好啊，好啊！"·129

上论坛的好处·131

胜贤在正驾驶席，妈妈在副驾驶席·132

帮助孩子集中精力看电影的方法·135

看电影之前，应该做的几件事情·136

看电影学英语·138

听磁带·138

胜贤在学习之初听过的童谣·138

张妈妈的英文学习原则·141

在坚实的母语基础上构筑英语的"城墙"·145

胜贤和妈妈最喜欢读的12本韩国图画书·148

我要学习之张妈妈的优点·150

张妈妈的小贴士·155

 进山比登山更有意义——生态教育达人：朴妈妈·157

感受森林的孩子·159

韩国有很多山，这太棒了·161

在森林里玩大的孩子和没有在森林玩过的孩子，
谁的学习更好呢·165

生态盲（Ecological illiteracy）·169

做成熟而坚强的人·170

像有礼貌的客人一样进山·174

亲自去树林里体验一下·177

和孩子一起认识森林的五个阶段·180

对生态体验有帮助的韩国书籍·183

与大自然共存·184

我要学习之朴妈妈的优点·186

朴妈妈的小贴士·190

 第六章　与其说是性教育，还不如称其为爱的教育、人的教育
　　　　——性教育达人：南妈妈·191

儿子，希望你能正确理解性和爱，一定要知之而后行·193

不要再对女儿说"乖"了·195

性教育态度比性知识更为重要·198

童话评论家金西贞老师推荐的儿童性教育画册·201

帅气十足的妈妈·202

率真的女老师·204

妈妈的"育儿经"·206

性教育可以治愈"缺爱症"·210

幼儿性教育应该这么做·213

小学生性教育应该这么做·215

发现儿子手淫自慰后，该怎么办呢·217

可以由爸爸来进行的性教育·221

对青春期孩子父母有用的资料·224

父母也要自我解放·225

我要学习之南妈妈的优点·228

南妈妈的小贴士·232

 尾声 　郑在恩的故事

讲坛知识十生活智慧·233

每天至少在孩子身上花1小时·234

让孩子看到学习的力量，而不是成绩的力量·239

告诉他们网络的重要性·243

培养孩子的自我疗伤能力·247

做一个堂堂正正的好妈妈·252

特别鸣谢·258

幼儿时期是孕育人生最初记忆的摇篮，是惠泽我们一生的经验源泉。

　　所以抚养孩子绝不单纯是教育理论或者教育目标问题，而是如何给予爱以及创造爱的问题。

　　　　　　　——约翰·克里斯托弗·阿诺德，布鲁德霍夫社区长老

开场白

妈妈，您的优点是什么

　　每当我凝视着睡梦中的孩子时，就不禁后悔起白天的事情来。

　　"对不起！妈妈明天会表现得更好一些。"

　　但如果孩子早上一睁开眼就缠着我的话，我又会不自觉地朝他嚷嚷："怎么搞的……"

　　所以一到晚上我就会自责。一边看着熟睡的孩子，一边进行自我反省。

　　其实妈妈就像守护圣体的修道士一样，绝大多数的时候会因为内外不一而备感煎熬。也就是说虽然有一颗虔诚的心，但偶尔也不免会为被奴役而感到绝望。

　　在担任韩国教育电视台"父母一小时"的节目作家时，我结识了非常多的妈妈。她们和我一样，越是梦想成为出色的教育家或心理学家，问题就越严重。

不过我仅仅只是反省而已，从来没去真正改变什么。我就是这么一个人，一面幻想着成为"完美的妈妈"，一面又不肯向自己的原则妥协。我们为什么总是这样呢？

平凡的妈妈也需要有母爱

看来是我错了。我原以为在经历十月怀胎的痛苦之后，母爱就会像春蚕吐丝一般理所当然地涌现。

然而怀抱孩子的热情以及要照顾好他的决心并不能帮我解决每时每刻都在发生的育儿问题。

我连母爱是什么都不知道，这个世界就要我来展现它。就像不懂人生为何物而活着一样，我根本就不理解什么是母爱，却还要稀里糊涂地抚养孩子。

更要命的是我还会经常从丈夫、婆婆那儿听到所谓的"母爱典范"又称"模范母亲"的"英雄事迹"。她们不是把子女送去美国留学，就是让孩子上了某个特长中学，总之都是一些把子女培养成才的优秀妈妈。这一切都给我带来了无形的压力。这种压力要求我拿出与这些妈妈媲美的"成绩"来。其实这完全是占支配地位的"一流母亲观"过强导致的结果。所以像我这样容易犯错又爱哭的妈妈总是会觉得举步维艰。

然而我又一次疑惑了。她们不也都是经历了初为人母这一步才走到今天的吗？……她们之所以优秀会不会是因为她们的孩子本身就很优秀？又或是她们天生就是模范妈妈呢？

总之，我就是不理解她们为什么老是对我这样的平凡妈妈说"你也行的"。

我很想知道那些和我一样初为人母的妈妈是如何理解母爱的。我估计她们的情况可能会跟我更相似一些。我觉得与其向已经把孩子抚养成人的妈妈取经，还不如听听比我快一两步的妈妈们怎么说来得更有意义。

已经将子女抚养成人的妈妈就像过了河的船一样。不管之前的过程是多么的艰辛，自己受了多么大的委屈，现在都早已忘得一干二净。因为回忆总是美好的。

所以相比之下，我更乐于倾听来自同时代的声音。

我的天哪！那个妈妈也抱怨自己辛苦，也常说会妥协。但即便那样，该做什么还是都做了。只有这样的声音才能激发我的斗志。

本书不仅列出了妈妈在孩子1岁到10岁之间需要思考的问题，还收录了一系列发生在母子之间的小插曲。

随着孩子的成长，妈妈需要面对无数的问题，之后才能逐渐走向成熟。我们可以借助本书了解这个变化过程，并把握各个时间点上需要思考的东西。

有多大的能量，就发多大的光

在采访过程中最令人感叹的是，这些妈妈都将自己的优点融入了母爱之中。

如果一味地计较过失，那么妈妈和孩子很容易两败俱伤。其实仔细观察优秀的妈妈，你会发现她们的成就多半来源于"母爱"。所以我认为不光是孩子，对母爱我们也需要进行多角度思考。

另外，这些妈妈都很清楚地知道人生中最珍贵的是什么，并为此奋斗着。她们深信儿时的幸福感可以成为惠泽孩子一生的滋补品。

我敢说她们才是最有资格抚养幼小生命的人。不管怎样，在竞争激烈的现代社会，能够拥有这般气魄的确是一件相当了不起的事情。本书提及的众多妈妈都还处于抚养孩子的过程中，这也是我为什么称她们为"达人妈妈"的原因。

在担任韩国教育电视台"父母一小时"节目作家的5年里，我获益匪浅，这对我来说无疑是一段很幸运的经历。如今在这种力量的感召下，我再次踏上了拜师之旅。我要寻访的对象就是这些达人妈妈。

如果你遇见邻家大姐般聪明的妈妈，说不定她们会告诉你，你正在执著追求的"育儿方法"其实是有问题的。因为我也有这样的问题。

我想对那些至今还游移在"完美主义"和"得过且过"状态之间的妈妈一句话。那就是：

完美的父母并不是孩子想要的。只要你能为了子女坚守"自己的岗位"，尽力表现得更好就足够了。

这是英国著名的精神学家温尼科特很早以前就强调过的一句话。

我们擅长"非此即彼"。人生也好，母爱也罢，全部都是一个由此及彼的过程。但我们往往都会忽略那些艰难的"中间过程"。如果倾其一生只是为了"即彼"的话，换句话说就是只以成为一流妈妈为目标的话，那么就很容易流于哀叹或是反省，成为一个"只打雷不下雨"的妈妈。

让我们有多大能量，就发多大光吧。欲望太多反而会一事无成。孩子也不例外，如果既想做这个又想做那个的话，结果很可能就是一个"悲剧"。

所以我们向妈妈们请教怎样才能"有多大能量，就发多大光"吧。她们会给予我们帮助的。

郑在恩

2009年4月

第一章

在识字、数数前先进行美术教育
——美术达人：崔妈妈

66 在让孩子们做某项事情之前，我通常会让他们先玩一会儿，比如说让他们随便剪啊撕啊。待他们情绪舒缓以后，再告诉他们要做什么。如果一上来就让他们做这做那，反而会增加他们的负担。所以先让孩子们放松，然后再集中他们的注意力让其自由发挥创意。这才是正确的教育方法。**99**

想画什么就画什么

浩准（小学四年级）和泰奎（小学三年级）两兄弟从小就有着和其他小朋友不一样的经历。因为家里常备有画纸、蜡笔、颜料、画架这类东西，所以只要乐意，他们可以随时想画就画。精力旺盛、性格活泼的弟弟泰奎甚至会跑到阳台的玻璃窗上画画，看样子他觉得画架上的纸太小了。妈妈见此情景后就在玻璃窗上贴了一张很大的画纸，告诉他说：

"从现在开始，你就在这张纸上画画吧。"

从那之后，两兄弟就把阳台的玻璃窗当做画架开始画起画来。妈妈则在一旁帮忙拿着蜡笔和毛笔。用毛笔画画和用蜡笔画画的感觉完全不同，画出来的画也更加简单流畅。

妈妈还允许他们在浴室里尽情地玩颜料。他们经常在瓷砖甚至在彼此的身上画画。身上的颜料在浴缸里洇开的感觉让他们觉得很有意思。玩够了以后，妈妈拿着喷头给他们冲洗身体。各种色彩交汇成的奇怪颜色也让他们觉得很奇妙。身上的颜色被冲干净时，他们的内心好像也变得更加纯净了。两兄弟欢呼起来，他们很喜欢这种感觉。

除此之外，他们有时还会把野餐毯铺在地上玩橡皮泥。妈妈也很认真地跟他们一起玩，当然用橡皮泥打闹是不可避免的了。当他们玩够之后，通常就会做出碗或者喜欢的动物之类的东西。小区里的沙地也是不错的美术教育场所。他们经常会

9

拿着装满水的塑料瓶、过家家用的餐具、玩具车、玩具铲等工具在那儿玩很长时间。这些沙子比起游乐场更能激发他们的兴趣。妈妈想尽各种方法充分利用室内外空间为他们打造艺术天地。所以虽然地方不大，但随处可见孩子们的乐园。

　　浩准和泰奎两兄弟就是学习用色彩表达内心的典型例子。1岁的时候，妈妈并没有在墙上挂满识字或是数字卡片之类的东西。取而代之的是为他们提供了一个相对完美的美术空间，以便让他们能以玩耍的形式接触到与美术相关的东西。不仅如此，妈妈还带他们去了很多不同的地方来亲身体验。这些经历会成为他们今后绘画或是制作东西的美好素材。他们的妈妈细心地对他们进行着美术诱导。因为她曾在研究生院学习美术教育及美术治疗，深知幼儿美术教育的重要性，所以一直坚持不懈地帮助孩子们开展美术活动。

对待孩子美术作品的正确态度

家长朋友们:

当孩子把他们宝贝的图画带回家时,父母的反应会对孩子今后几年的绘画态度起到很大的影响。

你始终要记住一点——孩子眼里的事物是和大人不一样的。不仅看到的世界不同,他们对事物的理解也和我们不一样。

他们不知道小蓝点对大人来说只不过是个花纹而已。但在某些孩子的眼里,那可能会是"美丽的蓝色小球"。

我想说的是画什么并不重要,重要的是运用色彩会给他们带来快乐。虽然父母不见得全都能理解,但我还是希望你们能给予肯定的回应及赞扬。如果嘲笑或者指责他们的作品,只会严重打击他们的绘画积极性。

切记要对孩子说这句话——"你能告诉我你画的是什么吗?"

——摘自《Art, Another Language for Learning》

不要"教"，要"让他们自己表现"

幼儿不可能用语言或是文字有条理地表达感情。绘画对于儿童来说如同哭泣或身体动作一样是情感的本能表现之一。所以专家建议妈妈：当孩子把自己画的东西拿过来看时，一定要尽力揣摩孩子的想法。

但事实上是怎么样的呢？当孩子把图画拿给父母看时，他们往往会说："哎呀！这是画吗？圆不像圆，直线也画得弯弯曲曲的……根本不知道画的是什么嘛！"如果就此打住还好。其实我也会暗自这么想："看看吧。圆画得还凑合，但线画得实在是没有力度。是不是该教他怎么画线呢？"这就是所谓的"评分眼"在作祟了。

我们只知道教孩子画画，从来不去了解画里所表达的感情。诚然，我们也不知道他们到底在画什么。

日本著名的美术教育家鸟居昭美教授曾经说过："幼儿时期，妈妈只有不停问孩子画的是什么，才能理解画的含义。"但你每次问孩子，他都有可能给出不一样的答案。所以说画的是什么并没有正确答案，孩子只不过是在和你聊天罢了。

为了理解孩子画的内容，家长需要温柔地和他们进行交流。2~3岁的孩子，你可以问他们"画的是什么呀？"4岁以上的孩子，你也可以问他们"在做什么啊？"不过应当尽量避免问得过多或过细。当孩子画完之后或者孩子画得不耐烦时，适

当的询问可以缓和一下气氛。这样才能被称为亲子美术活动。形态以及色彩运用方面的知识，应该在孩子上小学的时候再系统地学习。

不知道是不是由于在学校的时候，只有画得好的画才可以挂在教室后面的墙上，只有画得好的孩子才会得到奖励和认可的原因，我们从不关注孩子们的画"有什么差别"，一上来就是在评价"xx画得更好"。我的眼睛不知不觉也变成了这种工具。看孩子的画

时总是会先评判一下画得怎么样。

现在我要闭上这种眼睛，用"全新的视角"来欣赏孩子们的画。尽管很难，我也要努力这么做。孩子在讲述自己想画什么的时候，妈妈只有赞许地点头或是表现出高兴、惊讶等情绪才能体会到"表现的乐趣"。难道不是这样吗？

浩准和泰奎的妈妈——崔妈妈在他们小时候一直坚持了这种基本精神。她没有贸然地教孩子们画画，她深知幼儿美术是孩子们自由表现的游戏。她在进行识字和数字教育前，先给孩子们搭建了一个美术活动的舞台。这一点完全不同于其他很多妈妈的做法。

如果妈妈在指定时间打开一个写生本对孩子们说："现在是绘画时间，你们画画吧。"那这个教育氛围本身就是不及格的。如果想培养孩子"懂得表现的乐趣"，你也需要像崔顺珠女士那样为孩子搭建一个"常设舞台"。因为孩子们的表现欲并不是只在妈妈规定的"绘画时间"才有的。

如果觉得家里地方太小，那你也可以学崔妈妈那样灵活利用阳台或是浴缸来进行美术教育。或是在家里铺上野餐毯玩橡皮泥，或者让他们到小区里玩沙子之类的东西。如果妈妈有心的话，无论室内还是室外都可以成为孩子们的"常设美术乐园"。

给妈妈们的嘱咐

🐍 倾听画里的故事

孩子的画不是用眼睛来看的。重要的是要通过图画来倾听孩子的故事。千万不要用成人的眼光来审视孩子的画。

🐍 不要教他们画画

如果教孩子如何画画的话，那么就会过早给他们戴上有色眼镜。让他们用自己的眼睛观察事物，用自己的语言整理思路吧。

🐍 美术活动本身就是一场游戏

玩美术本身就会存在着打闹以及弄脏衣服之类的情况。容易改变形态的水和沙子是孩子最好的学习素材。千万别因为怕脏而剥夺了他们的接触机会。

🐍 不要随意评判孩子的画

5岁之前的孩子可能老会用一种颜色进行绘画。不必担心他们用的色彩不丰富，也不用担心他们用的颜色偏暗。

🐍 多让孩子体验一些有趣的活动

让孩子印象深刻的事情、有意思的生活体验都会成为他们的创作素材。

坦白

"生完孩子以后，只有产妇出了院。"

崔妈妈35岁结婚，37岁生下了第一个孩子浩准。她原本是学佛学的，但是因为对美术特别感兴趣，所以读研究生时选择了美术教育专业。由于家境并不宽裕，所以她需要靠自己才能完成学业，因此结婚也耽误了。顺利地生下浩准之后，她终于放下了心中的石头。虽然是高龄产妇，但她还是坚持进行自然分娩。不过问题还是来了。

一周之后，他们接到了通知。因为孩子有先天性巨结肠症状，所以必须进行手术。在体重达到10公斤以前，也就是产后1年的时间里，孩子都需要将大肠露在体外进行排便。之后让大肠恢复原位还需要经历4次手术。不知道是不是因为小小年纪就要承受异于常人的压力，浩准的发育速度异常缓慢。只要感冒，肚子就会胀气引发肠炎。剧烈的疼痛严重折磨着孩子。

浩准身材矮小，说话也不太利索。4岁的时候，他开始接受语言康复治疗（由于担心产生交流障碍，对今后的生活不利，所以在专家诊断之后采用了此种治疗方式）。

医生说孩子会随着年龄增长慢慢好起来。体格健壮以后，腹痛、胀气等症状也会逐渐缓解。10岁以后就不会有什么大碍了。但是由于幼年时期反复地出入院，让他变得弱不禁风，性格也很敏感。

由于说话不利索，他不能很好地和小朋友们一起玩，自信心也严重不足。他甚至很难像同龄的小朋友那样吵吵闹闹。老师问他说什么的时候，他往往张口就哭。虽然不是残障儿童，但是由于身体局限让孩子备受煎熬。因此，妈妈一直给予他很多关爱，常常把他抱在怀里，也经常和他进行肢体交流。妈妈竭尽全力地照顾着他，每次换尿布的时候都告诉他为什么要这么做，每次喂他吃药的时候也会告诉他"吃了这个就会好起来"。因为语言表达不流畅，所以妈妈决定先不培养他"会说"的能力，而是想办法提高他"听懂"的能力。

　　他还有一个小他两岁的弟弟泰奎。其实夫妻俩在大儿子刚做完手术以后，并没有打算再要一个小孩。因为他们害怕生出一个和老大一样的孩子。但是上天还是安排了泰奎给他们。但遗憾的是，老二和他哥哥一样也患有先天性巨结肠。他也要走和哥哥一样的路。但是由于泰奎的身体条件较好，所以无论是预后（在医学上，"预后"是指根据经验预测的疾病发展情况）还是恢复状况都要好于哥哥。因此泰奎的生长发育很快就赶上了同龄的小朋友。他也很会照顾哥哥，成了哥哥唯一的朋友。

　　第一个孩子出生时是2.82公斤，第二个孩子是3.5公斤。不知道是不是因为出生时就比哥哥健康的原因，老二的生长和恢复速度都比哥哥要快。他聪明伶俐，能吃能睡，性格开朗且精力旺盛。所以哥哥被妈妈背在背上的时候，泰奎只能坐在童车里。背累了的话，妈妈就把哥哥放在童车里，弟弟则要让出童

17

车。因为哥哥，泰奎成了不能被妈妈背在背上的孩子。

哥哥去康复中心接受治疗时，泰奎常常会递给哥哥他要拿的东西，然后很有礼貌地对他说："哥哥快点回来啊！"哥哥哭了，他也会给哥哥擦眼泪劝他别哭。家人听不懂哥哥说的话，他就会站出来帮忙翻译。

有一次，两个人从外面回来后，哥哥一直嚷嚷着要什么东西，但是妈妈、姥姥、爸爸谁也没听懂他说的是什么。这时候，弟弟在一旁解释道：

"妈妈，哥哥想要棉花糖。"

弟弟会说话之后，哥哥的词汇量也开始突飞猛进起来。他明显受到了弟弟的影响。虽然他们偶尔也会吵架争宠，但是对哥哥来说弟弟是他唯一的朋友和伙伴。

"幸亏您生了弟弟。"

每当浩准说这话的时候，妈妈都有些说不出话来。她想坦白一件事情，那就是当她得知怀了泰奎的时候，她内心里的一些真实想法。她想告诉浩准：如果生了弟弟的话，那么他就有伙伴了，他再也不会觉得孤单了。

"你一定要健康地出生，以后要多多关照哥哥。"在和浩准玩画画游戏时，她经常悄悄地对肚子里的泰奎说，"宝贝呀，好好看，好好学，以后要和哥哥好好玩啊！"

瞬间她的内心又开始了对话："一个明白事理的人，居然还会有这样的想法啊？这不是把包袱扔给弟弟了吗？弟弟的人生也应该像哥哥那样得到起码的尊重吧？"这一系列的问题让她欲言又止。

"虽然我很清楚兄弟俩都有各自的人生，但还是得优先照顾生病的哥哥。比起单个抚养，把两个孩子合为一体来考虑更为现实一些。这就是现实和理论的差距吧。事实上，泰奎一直都很照顾他哥哥。把包袱扔给他，他也只能接受。每当想到这些，我就觉得特别对不住他。"

浩准是崔顺珠的软肋。"其实说白了，我也强不到哪儿去。除了那一套育儿理论以外，我什么都不知道。但是抚养孩子并不能依照理论行事。我不是也在摸着石头过河吗？"

因为两个孩子的特殊情况，崔顺珠的专业自然而然从美术教育转向了美术治疗。特别是比同龄小朋友发育慢半拍的浩准，更需要这种治疗。另外，辛劳的妈妈也需要这种心理治疗。美术就有这种神奇的功效。

我问她：

"如果两个孩子都没病的话，您还会优先考虑让他们接触美术吗？"

崔妈妈答道：

"我会的。因为我知道只有当孩子们在接受文字或数字教育之前先接触美术相关的活动或者游戏，才能更好地提高他们的情商以及认知能力。只不过因为我的两个孩子都有病，所以我会比其他人更为关注和坚持这方面的活动。"

⬤ 生病的孩子也要有自控能力

　　绝不能因为身体虚弱，内心也跟着脆弱。夫妻俩竭尽全力照顾着两个孩子。首先他们决定每周都要背着他们到附近的山上去玩。爬山既可以让孩子们呼吸新鲜空气，吃点零食、牛奶之类的东西，又可以让夫妻俩稍微歇一歇，喝点茶什么的。他们会在山上待三四个小时之后再下山。尽管走得不太稳当，但是夫妻俩仍坚持让孩子们自己行走，实在走不动才抱他们走一段。

　　"说实话，我也经常想偷懒。要学习，要工作，还要当妈妈照顾他们。我实在太累了，所以一到周末我就想躺着不起来。"

　　但是每当这个时候，孩子的爸爸就会在一旁劝道："你只有身体健康了，才能照顾好两个孩子啊。无论如何，我们也要坚持上山锻炼。"就这样，在丈夫的半胁迫下，她不得不爬起来。就这么坚持了10多年。现在无论是顺珠还是她的两个孩子都很习惯这种生活了。

　　山上四季的景色也为孩子们的美术创作提供了良好的素材。和父母一起爬山不仅可以吃零食，还能欣赏到美丽的花朵和树木。整个家庭的生命线好像和爬山紧紧连接在了一起。虽然两个孩子都长大了，但是他们仍然保持着每周末爬山的习惯，风雨无阻。

对两个胃肠不好的孩子来说，日常的食物是个很大的难题。在孩子们上小学之前，崔妈妈绝对不会让孩子们吃汉堡、比萨之类的快餐，主要给他们吃些自然食品。但是，她又觉得"只让小孩子吃自然食品的话，未免也太没意思了"。所以等到孩子们上小学的时候，她也偶尔会给他们买小朋友都爱吃的冰激凌。但是吃多了的话，他们肯定会肚子疼。每当这个时候，妈妈就会趁机告诉他们："吃太凉或者太刺激的食物都会让你们肚子疼的。"

现在孩子们会根据自己的身体状况来决定吃不吃零食。如果肚子疼的话，他们会拒绝吃饼干或冰激凌，并告诉妈妈说："我肚子疼，所以还是不吃了。"如果身体稍微好一些的话，他们再适当吃一点。看到孩子们已经懂得自己照顾身体，妈妈也就不担心他们随便吃东西了。现在孩子们已经开始懂得吃了"不好的食物"的话，身体就会出现"不好的反应"。

崔妈妈还有一个"大胆"的尝试。这位经常把"健康"挂在嘴边的妈妈居然带着孩子们去公园练习单杠。尽管单杠下面铺着沙子，但是大多数的妈妈还是很担心孩子会从上面摔下来。她却不以为然。孩子从单杠上掉下来以后，她故意视而不见，并叫他自己爬起来拍掉身上的土。她觉得过分关心只会让孩子变得更加娇气。事实上孩子也的确能自己爬起来。这样经历几次失败之后，孩子自然就会产生自控能力。当家长的一定要相信这一点。

虽然身体一天天地好起来，但是学习却不那么容易。当孩子7岁的时候，夫妻俩为了孩子上学的问题伤透了脑筋。是不是让他晚一年再上学呢？但是又怕那样的话，会让老大和弟弟泰奎都在同一个年级。泰奎是1月生的，性格活泼，好奇心也重，夫妻俩打算到了7岁就把他送到学校。要不把老大送进特殊学校？但是一想到高昂的建校费以及每月的生活开销，妈妈就失去信心了。

就在这个时候，他们听到了一则关于小规模学校倒闭的消息。如果把老大送进这种家庭式的学校，应该是一种理想的选择。但是学校离家太远了。妈妈既不会开车，也不愿意让孩子每天挤公车上学。不顾孩子的身体，一味只想让他上学的话也不合适。夫妻俩咬咬牙，最后还是决定把孩子送到家附近的公立学校。他们决心相信孩子一把，让他自己去闯闯。就这样，浩准在家附近的学校一直顺利地读到四年级。

🏮 把孩子托付给班主任

　　因为要上班不能经常来学校，所以崔妈妈就给浩准的班主任发了一封邮件，向他说明孩子的情况，并请求给予帮助。幸运的是，上了年纪的班主任对她的心情予以了充分的理解。上课的时候，老师会让浩准朗读课文。尽管他半天说不出一句话，老师还是很耐心地鼓励着他。即便读得磕磕巴巴，老师也总会夸他"读得好"。

　　浩准上了二、三年级后，她还是保持着给班主任写信的习惯。除了遇到了一位好老师之外，崔妈妈"有礼貌的来信"也对儿子的学校生活带来了莫大的帮助。

给老师的拜托信

您好，老师。

非常感谢您成为孩子的班主任。我是尹浩准的妈妈崔顺珠。

浩准从小就得了一种名为"先天性巨结肠"的疾病。所以出生后15天，他就接受了一次手术。直到3岁为止，他总过做了4次大的手术。虽然先天不足，但是总算熬过了那道坎，顺利地长大了。

由于从小就做过大的手术，再加上胃肠不好的原因，所以他的中气很不足，说话声小，意志也比较消沉。虽然4岁的时候接受了语言康复治疗，现在有了一定改善，但仍还有些口齿不清，精神状态不佳且没有自信。

他的主要问题如下：

1. 因为肚子胀气，所以很容易放屁，且味道非常难闻。如果遇到这种情况，烦请老师打开教室门窗通通气。

2. 放屁的时候偶尔会有排便的现象（身体状况不好时），内裤上沾上的粪便会发出异味。不过我会尽可能避免发生这种情况。

3. 如果学校提供加餐时，恰好遇到他肚子胀气的话，他是不能吃东西的。他本人也知道控制食量。

4. 由于说话声小且口齿不清，所以他很害怕和人交流。如果问他太多问题的话，他肯定会躲到后面去的。如果他回答了提问，老师能对他进行表扬的话，他一定会更加努力的。

5. 不知道是不是身体不好的原因，他很容易哭。稍微问多一点他也会哭。所以老师可能会比较难与他沟通。但我相信老师只要予以关爱的话，他一定会好起来的。

他不会交流，也没有朋友。我很担心他能不能适应新的环境，也不知道他可不可以和小朋友们和睦相处。所以我恳请您帮我照顾孩子。给您带来的不便我深感歉意。

尹浩准（妈妈）崔顺珠 敬上

孩子已经开始集体生活了，需要注意的细节也就越来越多。因此孩子每升一个年级，妈妈的信也就写得越详细。

如果你们的孩子也有异于常人的苦恼时，家长最好也能像崔妈妈那样有礼貌地给孩子的班主任写一封信说明情况。信的内容务必要客观以及坦诚。

崔妈妈说："不要一开学就给老师写信。最好等那么一两个星期，待老师对孩子的情况有了大致的了解之后再写信比较合适。"不仅如此，每学期期末时，她还会给老师写一封感谢信。

崔妈妈的信让人印象最深刻的是——不会只在信里一个劲儿地提孩子的难处。她通常会把孩子在整个学期取得的进步写到信里，礼貌地向老师诉说孩子的问题和成就，然后才是拜托老师给予关照。这一点不得不让人佩服。妈妈有礼貌的话，其他老师们也会听说。事实上，孩子一年级时的班主任就曾把她的来信传给别的老师看了。老师们都很敬佩这位坚强的妈妈，所以一直对她以及她的孩子关照有加。老师们当然能体谅到妈妈的"真心"。因为他们也是父母，或者即将成为父母。

给班主任的感谢信

您好，老师。

把浩准托付给您已经有一年多的时间了。

把他交给您之后，我这个做妈妈的突然有些不知道该做什么了。

我常常在想他能不能和小朋友们和睦相处，能不能和老师们好好交流。事实证明我多虑了。他很顺利地完成了这一年的学校生活。我相信再过不久他就能像正常的孩子一样学习生活了。而这一切都要归功于您。

我是个不称职的妈妈。我担心自己是不是把孩子教得太不坚强了。但因为工作的原因，我不能像其他妈妈那样经常去学校关心孩子。所以我常常自我安慰说："反正他以后也要走自己的路，现在让他独立也未尝不是一件好事。"

老师，

谢谢您！

每当我看见您微笑着向我讲述浩准的进步时，我真是发自肺腑地感激。虽然他还有很多问题，但我还是很希望他能像正常的小朋友那样幸福地生活。我相信他会幸福地成长。我想过去一年的学校生活也会成为他永生难忘的回忆。

最后，祝您新年快乐，身体健康！

谢谢！

尹浩准（妈妈）崔顺珠 敬上

哥俩之间

"如果浩准说哪儿不舒服的话，我就算躺下了也会马上爬起来做这做那的。但如果泰奎生病了，我通常就是安慰他一下没关系的。忍忍就好了。"她如是说道，"因为我把全部的爱都给了哥哥，所以弟弟只能得到相对'吝啬的爱'。"可能是知道妈妈更关心哥哥的缘故，泰奎更渴望得到爸爸的爱。所以就算爸爸下班回家再晚，他也会爬起来给爸爸请安。这一切爸爸都看在眼里，所以也就更疼他。

她有时也想关心关心泰奎。他是个非常懂事的孩子，学习认真，成绩也渐渐地超过了哥哥。即使没人辅导他，他也总能拿满分。而哥哥就算有人辅导，顶多就七八十分（只有一次破天荒地得了个一百分）。浩准开始在意弟弟的成绩比自己好了。

他问妈妈："我一年级的时候得过几次满分啊？"

其实只得过一次，但总是很镇定地说："啊，得过三次吧。"如果弟弟连续拿了几次奖状的话，妈妈就会告诉他：

"弟弟还小啊，所以老师才发奖状鼓励他呢。你比他高一个年级，所以不那么容易得奖状。"

浩准已经意识到弟弟在很多方面都比自己强。每当见他有压力时，妈妈就暗自叮嘱泰奎：

第一章 在识字、数数前先进行美术教育
—— 美术达人：崔妈妈

"泰奎啊，你就让着哥哥吧。哥哥就算做得不好，你也不要说出来。"泰奎已经和妈妈形成了默契。

"妈妈，哥哥现在说话不清楚，那是因为他病得比我严重。以后肯定会好起来的。"

看见孩子已经学会让着哥哥了，这让妈妈感到很欣慰。她决心让丈夫帮她弥补对泰奎的亏欠。

但是又有一件事情让她担心起来，那就是泰奎会不会因此瞧不起哥哥呢？

"每个孩子都有自己的优缺点。就拿浩准来说，他胆大心细，遇事比较沉着。但泰奎就不这样，他胆子非常小，连煤气灶都不敢开关。所以绝对不能忽视他们之间的年龄差距。浩准喜欢做饭，所以我很早就让他自己煮面、煮鸡蛋跟弟弟吃。当然，我会在旁边一直看着他做，不可能绝对放手。每当哥哥做饭的话，泰奎就会说：'妈妈，哥哥在做饭，他还拿了刀切菜。'我告诉他：'没关系，哥哥可以做到的。'浩准把饭做好之后，泰奎又会说：'妈妈，哥哥煮的面太好吃了，我一点都不会做……'就这样，弟弟也慢慢认识到了哥哥的优点。所以说没有哪个孩子是绝对一无是处的。我会明确地告诉他们各自的优缺点，让他们协作完成挑战难题，让他们学会互助互爱。"

但在成长的过程中，兄弟俩会一直这么融洽吗？答案当然是否定的。孩子之间难免会发生一些摩擦。每当这个时候，妈妈不会无原则地总是站在哥哥那边。因为她知道浩准多少有些小心眼。这时可以同时安抚两个孩子的方法显得尤为重要。俩人打架的话都会觉得自己委屈，都想向爸爸妈妈诉苦。考虑到孩子们的这种心理，夫妻俩决定引入"鸣冤鼓"制度。

爸爸妈妈每周末会受理"案件"，赏罚分明。不过最大的惩罚也就是罚站反省10分钟而已。最小的惩罚是做错事的那个周末要扔垃圾。相反，被冤枉的或是需要安慰的那个会多给1小时游戏时间，除此之外还可以想做什么就做什么。

解决哥俩矛盾的方法

鸣冤鼓

1401年（朝鲜太宗元年），为了受理蒙冤百姓的申诉，太宗命人在城楼上悬挂了一面鸣冤鼓。今用此鼓来解决尹浩准、尹泰奎兄弟间的意见冲突、打架等事件。

1. 哥哥骂弟弟、打弟弟，或者和弟弟开过分的玩笑时；
2. 弟弟不对哥哥使用敬语、骂哥哥或者和哥哥开过分的玩笑时

   请记下日期、时间以及具体内容。绝对不允许使用暴力。

采访:
美术教育和美术治疗

美术教育和美术治疗有什么不同?

对孩子们的发育成长来说,丰富多彩的美术游戏(活动)可以称得上是最全面的营养素。通过画画或者做手工,不仅可以锻炼触觉,培养眼睛和手的协调能力,还可以提高他们的观察力和创造力。所以说幼儿时期的美术活动本身就带有一定的"教育"性质。

另外,美术游戏是可以让人平静下来的镇痛剂或镇静剂。孩子们可以通过画画完整地展现内心世界。所以我们说美术活动还带有"疗伤"的性质。

崔妈妈就把美术教育和美术治疗合为一体。她目前正以美术治疗师的身份从事相关工作。

● 美术活动应该从什么时候开始?

他们会爬的时候就具备画画的能力了。他们有时把奶瓶弄翻,然后用手去敲打,就是一种自我表现的方式。所以我认为最好在孩子1岁的时候就准备相关材料了。如果妈妈可以在一旁看着,防止他们把颜料放进嘴里的话,更早一点也没问题。

● 主要做什么呢?

给孩子们准备4开或者5开的写生本,然后让他们用蜡笔或颜料随便画画。或者是让他们在浴室涂鸦。带他们玩橡皮泥、沙子或是别的东西都是很有必要的。

● 想开展美术活动，妈妈必须是专家或者有天赋才行吗？

并不是说普通妈妈就不可以开展美术活动。我认为只要是能为孩子提供一个尽情玩耍的空间以及各种相关材料，对孩子画的画或是做的手工给予肯定评价的妈妈就好了。

● 虽然知道美术活动是件好事，但因为屋子小或是很难收拾所以就不太积极？

我们家也很小。（笑道）在开展美术活动时，妈妈们最不愿意看到家里到处都沾满颜料。那样收拾起来会很头疼。其实我也一样。家里的客厅太小，无法给孩子们搭建"舞台"。所以我左思右想之后把地点选在了阳台。我在地上铺满了纸，窗户上也贴了一张，让孩子们用蜡笔或者毛笔之类的东西在上面乱写乱画。能够在明亮的阳台上一边欣赏风景，一边画画实在是太惬意了。大自然仿佛成了他们最好的朋友。孩子们和我都很满意。

浴室也是一个不错的教育场所。在浴室里放几种毛笔让孩子们在瓷砖上画画。他们有时会用红色，有时则用蓝色。在给他们冲洗弄在身上或瓷砖上的颜料时，他们经常高兴得手舞足蹈。这就是所谓的颜料游戏。在这个过程中，孩子们还看到了颜料混在一起所产生的变化。有时他们还会把颜料放进浴缸，然后泼水玩。因为要玩很长时间，所以我想尽办法不让他们觉得无聊。

● 您好像经常让孩子用毛笔而不是蜡笔画画？

因为孩子的手腕力量还不够，所以毛笔比蜡笔或铅笔更容易被握住。另外在玻璃窗上用毛笔画画也相对安全些。不过有一点需要注意，那就是水彩容易流得满地都是，所以我个人觉得让他们使用水粉会更好一些。

● 您给孩子准备了多少种颜色？

我认为婴幼儿时期准备几种基础色就好了。三四岁以前有一到两种颜色就完全够用。只要能画就行。

● 要让孩子熟悉基础色吗？

是的。先让他们熟悉基础色吧。据说小孩最快也要到两岁半左右才能识别色彩。还有一种说法是孩子有几岁就认识几种颜色。事实上，很多孩子在5岁之前只用一种颜色画画。

过去常说美术是有意识的行为。但我觉得婴幼儿时期的美术活动可以与意识无关。所以1岁就可以让孩子们画画了。因为我们的目的不是让孩子们认识颜色，而是通过涂抹的过程让他们获得快乐，并在此基础上培养他们的感觉和触觉。

● 那么孩子什么时候才能用多种色彩画画呢？

4~5岁就会用两三种颜色画画了。在这之前，很多孩子都喜欢用一种颜色画。

● 为什么让孩子使用画架？

只有4 5岁的孩子才会规规矩矩地坐在地板上或书桌前画画。在这之前，很多孩子画画时都喜欢站着或跑着。因此我选择了画架以及阳台上的玻璃窗。

● 除了玩颜料以外，还有别的什么游戏吗？

我还经常带他们玩橡皮泥和沙子。事实上，孩子们非常喜

欢沙子、水以及牛奶之类的材料。因为这类素材很容易造型，所以比昂贵的玩具更能激发孩子们的兴趣。另外，一有时间我就会带着他们到各个网站去体验免费游戏。我非常喜欢免费的东西。所以还会经常带他们去图书馆或是现代美术馆之类的地方。

● 玩橡皮泥的时候，为什么让孩子们先"破坏"再"制作"呢？

对孩子们来说，"搞破坏"比起做东西要简单很多。当父母做好某件东西之后，孩子们很喜欢把它给弄倒。破坏东西会让他们异常兴奋。玩橡皮泥的时候也最好是先让他们打闹一会儿，然后再开始制作。也就是说先让他们放松，然后再集中他们的注意力。

如果不给他们机会放松，一上来就要求他们做这做那的话，他们会感到很吃力。所以先让孩子们放松后再进行创作才

第一章　在识字、数数前先进行美术教育
—— 美术达人：崔妈妈

是正确的教育方法。

● 据说让孩子在幼儿时期能够尽情画画是很重要的。那么是说要一直让他们随心所欲地画吗?

通常来说,2~3岁的孩子最好还是让他们想画什么就画什么吧。不能鲁莽地去教他们学习形态或者色彩。但4~5岁时,妈妈就有必要适当干预一下了。因为每个孩子的资质不同,所以妈妈应该因材施教。

拿浩准来说,妈妈让他画圆他就画圆。泰奎则不一样。让他画圆他也会画,但通常画完以后他还会跟妈妈说要画点别的。不过有时他也会拒绝按照妈妈的指示去做。其实有的孩子完全有能力画指定内容以外的东西。

如果一开始妈妈就给孩子规定内容的话,那么下次他还会

等待妈妈的指示。但是如果妈妈在告诉他画什么之后再告诉孩子"下次你自己想到什么就画什么吧"、"你随便画！要不从上往下画，要不用左手或是右手画"的话，那么孩子就会很容易找到平衡感，而且还有可能会画更多的内容。每次画完之后千万别忘记夸他们几句。这样反复几次，孩子们就会知道什么是圆，该怎么画了。

4~5岁的时候，画画前需要有一定的沟通。

例如，问孩子们"昨天游乐场的滑梯好玩吗"或是"明天我们要去动物园，那儿都有些什么动物呢"，像这样先围绕着"经历过的"或"即将经历的"事情和孩子们聊天，然后再让他们画东西是最好不过的了。什么都不知道就要画这画那的话，他们会感到很吃力。所以必须让孩子们接触到各种不同的事物，这样才有可能顺利地进行美术教育。

● 孩子们有时会缠着你给他们画汽车、画恐龙或者写字什么的。

孩子们画画的时候，大人最好不要先给他们做示范。看多了大人的画之后，孩子不但会对自己失去信心，而且还会经常缠着你画这画那。这个时候最好能引导他和大人一起画画，或是把同龄小朋友、大他一两岁的哥哥姐姐画的东西拿给他看，并对他说："哎哟！你看姐姐把太阳画得多圆啊！"

另外，如果父母过早让孩子识字的话，孩子可能会很热衷于文字而不是图形。但事实证明，绘画比文字更能培养孩子的形象思维能力。

■ 对于幼儿时期美术教育要先于数学或文字教育的理由，日本美术教育家鸟居昭美教授是这么解释的。

如果让孩子画自己的爸爸，他脑子里会浮现出很多种形象，例如：爸爸留着胡子、戴眼镜或是喜欢躺着看电视，等等。但如果只让他用"爸爸"两个字来表达脑子里的形象时，这是一种多么抽象的概念啊。所以不要过早地进行文字教育。否则孩子不可能会画好画，严重时还会束缚他的想象力。

现代美学之父克罗齐早就说过"创意来源于视觉训练"。上

小学一、二年级时，所有的孩子都会写字和做算术。但真正拥有形象思维的却不多。

● 有的孩子一看到美术材料就很兴奋，有的孩子却连碰都不想碰。

有些孩子一沾到蜡笔或者橡皮泥就会很不高兴甚至哭闹。一般来说，敏感、患病或是发育不良的孩子容易出现这种症

状。他们很害怕这些"脏东西",只想用彩色铅笔和纸之类的"干净材料"。可是不接触这些"脏东西"他们就不能获得更多的生活体验。所以最好能耐心地引导他们去接受,而不是强迫他们。另外,妈妈也可能是造成孩子不愿接触这类材料的原因之一。

● 请具体说明一下哪种情况是由于妈妈造成的。

一位妈妈有一次带着她3岁的孩子来医院看病。她一进来就跟医生说:"医生,我的孩子只会用黑色画画。是不是有问题啊?会不会是得了自闭症呢?"经过仔细观察,我发现还真是那样——孩子画画时只用黑色。

这是怎么回事呢?我百思不得其解。这个时候我突然发现这个孩子从头到脚都是暗色系的打扮(因为我们儿童医院不要求孩子穿病服,所以一般都穿着便装)。妈妈也是一身黑。但是当天我什么都没说。观察了两三次后我问孩子的妈妈:

"您是不是喜欢黑色?"她回答是。问题恰恰出在这儿。在妈妈看来,孩子穿黑色的衣服耐脏,而且看起来也比较利落。但事实上皮肤白的孩子并不适合穿黑色的衣服。

我的孩子身体很弱,而且还有病。但我并不想给别人传递这种信息,所以通常会给他们选择亮色系的衣服。孩子通常会受到妈妈的色彩喜好影响,比如妈妈喜欢单色的话,那么孩子也会偏向那种颜色。

● 有些孩子画的东西总是很小,这该怎么办呢?

通常性格比较谨慎或敏感的孩子才会那样。千万不要用批评的口气说"这个画得太小了"。你应该多给孩子看比较大幅的画，然后对他们说："你看，这张画多大啊！这不挺好的吗？"你需要帮助他们自己去认识到"还是画得大点儿才好看。我应该画得更大些"。如果强迫他们把画画大些，那么只会让他更加畏手畏脚，甚至受到伤害。

■ 我经常会把孩子的画裱起来挂在客厅。一有客人来就对他们说："这是我孩子画的，还行吧？"如此一来孩子就会越来越有自信，画也就会越画越大了。

● 您为什么说就算孩子没生病的话，您也会让他们先接触美术然后才是文字和数字呢？

事实上就算不说到创造力、右脑理论这些深奥的东西，美术也对孩子的生长发育非常有益。因为经常活动双手会让大脑更加灵活。

画画、用废品做小玩意、折纸之类的动作能够有效提高眼睛和手的协调能力。除此之外，最重要的是还能提高他们的自信心以及让他们获得成就感。无论孩子画了或是做了什么东西时，妈妈也能和他们一样表示高兴、惊讶之类的情绪，并对他们的作品予以肯定的话，那么孩子会获得更大的满足感，进而变得更加活跃。事实上，这个年龄段的孩子并不容易从语言文字、数字或是体育活动上获得足够的自信。所以一切都要循序渐进地来，切勿操之过急。

● 您怎么看把孩子送去美术辅导班这件事呢？

如果有条件的话那就送吧。但是不要鲁莽地教他们学习色彩以及形态方面的知识。最好能把孩子送去懂得激发他们创意力的老师那儿去学习。最好能让他们像玩儿一样地学习美术。绘画技巧应该是8~9岁以后才谈的话题。因为在这以前的孩子空间感比较弱，所以很难教他们去写实。因此家长需要慎重考虑之后再决定到底是8~9岁之后还是3~4岁时就让孩子学习绘画技巧。

● 有一点我特别好奇，浩准和泰奎都很会画画吗？

这个嘛……我觉得与其说他们画得好，还不如说他们很喜欢画画。浩准小时候非常活泼，但上学之后变了很多。他经常把在学校经历到的事情表现到画中。整个画面都充满了内心矛盾。运用的色彩也让人难以理解。扭曲的线条和画面构成充分反映了他内心的苦闷。我想他自己也不愿意把这样的画贴到教室后面去吧。

现在浩准已经上小学了。他主要是在家里画画，最近用彩色铅笔比较多些。因为没什么自信心，所以他还是愿意选择一些简便的绘画工具。弟弟泰奎的绘画水平正逐日进步。他每天都在画各种漫画人物，还打算准备制作一本自己的画册。

不知道是不是由于弟弟画得太好让他产生了心理落差，浩准慢慢地就不怎么画画了。每次弟弟画东西的时候，他都会傻傻地望着弟弟，一会儿又忍不住说"我来帮你画"。其实他主要是帮弟弟填色而已，但兄弟俩都乐此不疲。慢慢地绘画水平也都有所提高。

每学期期末老师都会把孩子们一学期的美术作品送到家里

来。浩准做什么都是慢吞吞的，所以有很多没完成的作品。尽管如此，作品的完成度还是有所提高。

■ "但是一切都会好起来的。"她始终坚信。孩子会随着成长逐步改变。没有永远原地踏步走的孩子。

劳恩菲尔德的绘画阶段论

2～4岁：乱画期
主要通过手的动作获得快乐。

4～5岁：象征期
经常画圆、方形或三角形，并随便给它们起名字。

6～7岁：图式期
沉浸于自己的世界里，画的内容超越时间或空间。

8～9岁：写实期
上学之后已经能够客观地表达事物。

崔妈妈的美术游戏

手指画

🦴 材料：水彩、胶水、写生本

🦴 把自己喜欢的颜色和胶水混在一起，然后再把混合物倒在写生本上，用手指或是手掌随意涂抹。

🦴 效果：增强亲密感/舒缓紧张情绪

橡皮泥游戏

🦴 材料：橡皮泥、写生本、橡皮泥工具

🦴 随意撕扯或揉捏橡皮泥。

🦴 效果：舒缓紧张情绪/稳定情绪

蜡烛游戏

🦴 材料：彩色蜡烛、颜料、彩色粉笔或蜡笔、画纸、锡纸

🦴 用生日蜡烛来画画（此游戏有烫伤危险，一定要在父母的陪同下进行）。

🦴 先准备一些较长的蜡烛，包上锡纸后贴到火上烤（一定要防止孩子烫伤），使蜡液充分滴下之后再用自己喜欢的颜料、彩色粉笔或蜡笔在上面涂颜色。

用颜料在OHP胶片上涂鸦

🦴 材料：OHP胶片两张（可在文具店单张购买。透明的塑料文件夹也可）、木筷子、颜料、麦管（厚纸板等）、窗户纸或画纸

🦴 先在OHP胶片上放上2～3种颜料，然后用厚纸板推开。再用尖尖的筷子或牙签在上面乱写乱画。然后像做版画那样用窗户纸之类的

东西把画拓下来就行了。之后还可以把两张胶片叠在一起固定在窗户上，透过阳光观察上面的图画也很有意思。

锡纸玩具

 材料：锡纸、磁带

 先把磁带团成自己喜欢的火车、飞机或汽车等形状，然后裹上锡纸就OK了。

 效果：通过动手活动大脑，获得不一样的触感/成就感

用卫生纸筒和盒子做玩具

 材料：卫生纸筒、饼干盒子、拉面箱子、颜料、排笔、斗笔、绳子

 先在盒子和纸筒上涂上自己喜欢的颜色，然后穿上绳子做成可以拉动的火车或汽车。相比商场卖的玩具，孩子们会更加喜欢自己亲手制作的盒子汽车。

浴室里的颜料游戏

 在瓷砖上涂鸦，在手背、脚背、身上画画；把颜料放在水桶里让它洇开，等等。

扔橡皮泥

 在门上贴一张纸，让孩子像玩飞镖一样随便扔。

＊除此之外还可以用彩色铅笔填色、用签字笔画画、用纸折东西等。

（多准备一些彩纸等材料吧！）

如何看待美术在孩子一生中起到的作用

　　不知不觉浩准已经读小学四年级了。在进入学校这个广阔的空间之后，由于语言和身体上的原因他好像一直处于孤军奋战之中。但是妈妈认为这是他人生中必须经历的一个阶段。因为不管怎样，人生难免会有一些悲伤、委屈或是辛酸。

　　小的时候谁都不可避免会遇到一些伤痛或是挫折。只不过父母需要特别留意孩子是否能够独自承担这些压力。妈妈坚信浩准以后的学校生活会越来越顺利，画也会越画越好。事实上，浩准不光在语言能力上有了一些进步，有时还会做出一些让父母感动的事情来。

　　崔妈妈在孩子们很小的时候就和他们一起玩美术游戏。她的目的是什么呢？是要把孩子们培养成优秀的画家，还是想让他们拥有敏感的艺术表现力？其实哪个也不是。她的目的只有一个，就是想通过美术游戏送给孩子们一些特别的礼物。也就是要让他们学会用绘画来抒发情感，从中获取生活的力量。仅此而已。

　　我们总是只想做好某件事，却不考虑如何从中获得快乐。在我的记忆里也是如此。美术只不过是小时候"必须要做好的某件事"以及我人生中的一个美好目标而已。我似乎从未想过美术可以给予自己快乐、慰藉甚至疗伤。她一直致力于让孩子们去享受绘画而不是学习绘画。那我们又在给孩子何种美术体验呢？

我要学习之崔妈妈的优点

1. 在教孩子之前先给他们表达的机会。

对她而言，没有什么能比美术游戏更有趣的了。如果一味想着培养孩子的绘画能力，那么势必会强迫他们做这做那，那么妈妈也会觉得很累。所以还是应该尽可能地让孩子在轻松、快乐的氛围下体验美术游戏的魅力。

2. 尽可能在狭小的屋子里为孩子准备较大的美术空间。

即便房子很小，还是可以利用阳台或浴室这类的地方给孩子开辟一个美术空间。除此之外，室外游乐场也需要充分利用。

3. 相信孩子的自控能力。

不要因为孩子身体弱而不让他们玩沙子。比起卫生，大人更应该多考虑孩子是否快乐。另外，不要因为胃肠不好就对零食实行"一刀切"。谁也不可能只吃《健康宝鉴》上记载的食物而活着。当胃肠功能恢复到一定程度时，要相信他们已经具备了自控能力。所以可以根据情况适当给予他们一些零食。培养他们在错误中获得自控能力至关重要。

4. 美术活动要先于文字或数字教育。

如果说左脑会控制人的语言和逻辑思维能力，那么右脑就是负责人的空间感知力和创意力的部分。据说孩子的脑部发育也是有先后顺序的。15个月左右先是负责生理作用的左脑，4~5岁时是控制情感的大脑边缘系，7岁时是主管图形、动作、节奏、情绪的右脑发育。读、写、数学逻辑之类的能力都由左脑控制，在7~9岁才开始发育。

从教育角度来讲，孩子的入学年龄应该是8岁。但实际上孩子正式开始学习读、写、数学并不见得都是从8岁开始的。崔顺珠就把注意力放在了右脑开发上，即让孩子们先接触到的是音乐和美术这类的右脑训练，而不是读、写或是数学方面的左脑训练。这也是符合大脑发育顺序的。

5. 多开展体验活动。

体验的内容越多样，内心的故事也就越丰富。尽量让孩子们多体验一些东西。这些内容都会成为孩子们开展美术活动的好素材。

6. 折中考虑可以做的事情和需要做的事情。

一方面，通过每周固定的登山训练提高孩子的身体素质。另一方面，对妈妈来说把孩子送进特殊教育学校的确也很有负担。综合考虑之后还是把孩子送进了普通学校。这就是懂得折中的结果。

崔妈妈的小贴士

1. 先让孩子分解东西，再让他们组装。

在让孩子做某件东西之前，先让他们放松一会儿。然后再在轻松的氛围里让他们体会到动手的快乐。

2. 反复开展孩子喜欢的活动。

每天都开展不一样的美术活动会让妈妈感到很累的。挑几个孩子喜欢的活动，只要他们觉得有意思就好了。

3. 一定要说"我们画什么呢"。

在没有任何经验的情况下一上来就让孩子"随便画"的话，他们一定会觉得很有负担。所以美术游戏中的经验是非常重要的。

4. 倾听孩子画里的内容。

不要老考虑孩子的绘画水平怎么样，你最需要做的事情就是倾听他们要讲的故事。对孩子来说，美术作品也是他们的另一种语言。

5. 不要过早地教孩子学习文字。

这样可能会束缚孩子的想象力。孩子到一定阶段都会写字和做算术。但拥有形象思维的孩子却不多。

第二章

学会吃才能懂得生活

——健康饮食达人：蔡妈妈

66 当我问得第一名的孩子父母通常给孩子吃什么的时候，他们总是说'不会特别准备什么东西，只是普通的饭菜而已'。我觉得这个回答有问题。很多妈妈都把精力放在了督导孩子学习上了，饮食方面比较随便。但我个人认为吃饭是一件很重大的事情。说得夸张点的话，我认为'吃'关系到人生观。**99**

🎈 吃加餐的孩子们

下午4点左右是孩子们的加餐时间。社会活动家、烹饪高手蔡妈妈的孩子们都吃些什么呢？幼静（五年级）和硕焕（二年级）的主要加餐就是"饭"。每当有祭祀的时候，姐弟俩就挤在大人中间大口地嚼着米饭。

"很多人都说我的孩子像是从农村来的。吃饭也好，待人也罢，都很像农村的孩子。"蔡妈妈如是说道。虽然两个孩子都很能吃，但一点也不胖，看起来很结实的样子。

"你们这么喜欢吃米饭，应该不太爱吃饼干了吧？"听到我这么问，幼静睁大眼疑惑不解地说："啊？干吗这么问呢？我们也很喜欢吃饼干啊！"

"不是说饼干里有面粉和不健康的添加剂吗？"

"这个我们知道。妈妈也告诉过我们这些信息。"

"嗯，那你也觉得没关系吗？"

"没关系吧。想吃就吃呗。我基本上都会很认真地吃饭，身体很健康的。一点问题都没有。"从这个12岁的女孩口中能明显地感受到所谓的"健康哲学"。妈妈也在一旁说道：

"虽然做健康饮食很花心思和力气，但我还是想去做。我相信只要我做得好，孩子们的健康也应该没什么问题。"

事实上，如果按照她家的食谱吃饭，那么就不会有任何健康问题。她家到底在吃什么？

49

虽然没有一点肉，但整个餐桌还是很丰富和谐的。从这桌饭上可以深切感受到什么是"药食同源"。这些食物都可以很好地被人体吸收。

有时妈妈不在家，姐弟俩就会给来家里玩的小朋友做饭吃。虽然技术不怎么熟练，但是两个小家伙一点都不胆怯。仅凭这点就足以让人感叹了。姐姐比较擅长做紫米粥和蛋包饭，弟弟只是勉强会做炒鸡蛋而已。其实孩子能想到做饭招待朋友才是最难能可贵的，这很有可能是受妈妈的影响，因为他们经常看到妈妈做东西送给邻居吃。

高年级的孩子为什么要吃课间餐呢？饮食专家、药学家金秀贤认为处于发育期的孩子比成年人更需要多吃几顿饭。每天至少要吃四顿，青春期时甚至需要五顿。也就是说除了一日三餐以外，还需要补充一至两顿主食概念类的加餐。她还强调所谓"主食概念类的加餐"不是指"三高食品"，而是指以谷物及蔬菜为主的一顿饭。她认为这才是保持孩子身体健康的秘诀。

她不是从书上看到说要给孩子们加餐才加餐的。孩子们本来就有这样的饮食习惯。妈妈不可能在外面听了什么讲座，回来就不让孩子们吃这个那个的。那么幼静和硕焕的饮食习惯究竟是怎么形成的呢？

让孩子从小就知道什么东西对身体好

"教孩子好好走路，他会受益终生。"

——《箴言22：6》

我想把这句话改成"教孩子养成正确的饮食习惯，他会受益终生"。

人一生需要养成的好习惯何止一两个。这其中"健康的饮食习惯"是我最想提出来讲的一个内容。"健康的饮食习惯"是应该从小就培养起来的。因为饮食习惯是强健身体、维持健康的重要生活方式。

之所以会这么说是因为我想起了去世的妈妈和弟弟。他们一个死于中风，一个死于癌症。我姥姥这边有家族高血压和糖尿病史，我的爷爷也是中风后去世的，所以我的身体也不怎么好。我和我大哥都明白这是家族遗传病造成的。

妈妈发病的时候也默认了"该来的终于还是来了"（弟弟的死是个意外）。在和病魔作斗争的时候，妈妈和弟弟都很难调整自己的饮食习惯。不能吃想吃的东西实在是太痛苦了。这一点我可以从他们身上清楚地感受到。

在失去亲爱的家人之后，我对饮食习惯有了更深刻的认识。与其得了病什么都不能吃，还不如从小就养成好的饮食习惯。我的爸爸80多岁了还保持着健康的饮食习惯，并且每天坚持步行2~3小时。看着我爸爸的样子，我觉得保持生活习惯特别

51

是健康的饮食习惯还是可以战胜家族遗传病的。

那么蔡妈妈家的长辈们又是何种情况呢？"我们家的人好像没有得病死的。大家都很长寿。"她说。饮食习惯似乎成了主宰生死的问题。可以毫不夸张地说，对孩子的饮食教育会直接影响到他们今后的生活。

我拎着篮子站在超市里。一想到要给孩子们买健康美味的食物，我就会先放一堆牛奶、芝士、酸奶之类的东西在里面。还要买一些下饭的菜。如果菜里面老是没有肉也说不过去，所以还会轮番买些猪肉、鸡肉、牛肉之类的食品。他们爱吃什么就买什么，给丈夫买鱼丸，给孩子买锅贴。本来还在犹豫是不是要买些火腿（因为里面含有发色剂），但促销员的解释打消了我的疑虑，结果又买了些火腿。当然也有买鱼、豆腐或是豆芽之类的东西。不过比起这些天然食材，篮子里装得更多还是含有各种添加剂的加工食品。

我还会买谷物，或是宣称含有杂粮的谷物饼干（因为觉得那至少比普通饼干要强一些）。

做饭也让人头疼。本来听说糙米好，还特意买了些回来。但丈夫不喜欢所以不让放。我每天都感到困，从早到晚要喝三四杯速溶咖啡。因为又忙又累，厨艺也不怎么样，所以有时干脆就下馆子。但每每这样，我精心挑选的豆腐或是豆芽就过期了，最后只能扔进垃圾桶。家族遗传病让人不爽，生活习惯、饮食习惯也乱七八糟。我怎么活得这么累啊？

不知道你有没有发现我们家的菜篮子里总是有很多动物性

食品和加工类食品？这完全是我的杰作。因为我买菜通常是以家人的口味和做起来方便为原则的。尽管我清楚地知道我们的饮食习惯并不健康。除此之外，还有一点会影响我的判断。那就是我经不住食品包装以及广告语的诱惑，还有'买一赠一'也是让我冲动消费的主要原因。

如此这般我怎么可能让自己的孩子养成健康的饮食习惯呢？我也想把自己的孩子培养成像幼静和硕焕那样喜欢吃、懂得吃的孩子。

扶正孩子的餐桌

2008年，哈佛医学院儿童营养系发表了名为"美国儿童正在吃什么"的医院研究报告。（摘自《儿童营养健康指南》）

图一　营养不均型的饮食金字塔：孩子正在吃的东西

从图一我们可以看出，现在的孩子主要摄取的是一些碳水化合物、脂肪以及甜食。其次是肉类和乳制品。瓜果蔬菜吃得非常少。韩国儿童的情况也大致相仿。但是，哈佛医学中心建议的儿童食物金字塔却与此相反。如图二所示：

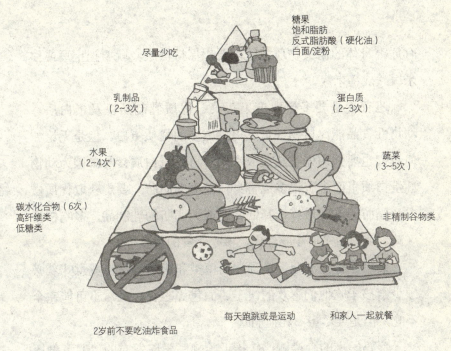

图二　儿童健康饮食金字塔

　　孩子要按照图二所示的结构吃饭才能保持健康。不过这个图是根据3~8岁儿童所需营养为标准制作的。8岁后到青春期前的孩子，除了正餐以外，每天最好还能补充一两顿前面说过的主食概念类加餐。

　　那么具体该怎么做呢？

　　首先我们着重强调一下跑跳以及和家人一起就餐的重要性。这是孩子每天必须做的，也是非常基础的两件事情。我们要让孩子从小就知道吃得健康以及运动的重要性。

　　其次再让孩子吃优质碳水化合物，即未经深加工的糙米以及全麦面粉。因为土豆和精加工粮食（白米、白面等）里面含

55

有危害身体的糖类物质。所以要想保持健康，就要把土豆或白米饭改成糙米饭。

还有就是要多摄取瓜果蔬菜、优质乳制品以及蛋白质。动物性食品能比植物性食品提供更多的优质蛋白。但是无论如何我们也要强调先吃蔬菜或水果，再吃蛋白质食品。因为动物性蛋白质里面含有很多危害身体健康的脂肪。要想获取优质蛋白及脂肪的话，最好选择低脂肪或无脂肪的乳制品，多吃白肉（鸡、鸭、鱼等）少吃红肉，多吃新鲜的鸡蛋等。

最后才是位于金字塔顶端的糖类和脂肪。这也就意味着必须少给孩子吃他们喜欢的饼干、面包等零食。虽然不可能完全不吃，但是要尽量不让他们吃。

蔡妈妈家的食谱就比较接近哈佛医学院发布的"儿童健康饮食金字塔"原则，孩子们都很健康，没有一点赘肉。妈妈尽可能地让孩子每餐都在家里吃，并且吃的一定是糙米饭。家人都比较爱吃有蔬菜和植物性食品做成的小菜。每星期吃3~4次肉。他们家的孩子也喜欢吃饼干。但是仔细观察你可以发现，他们吃的饼干类食品只占每天饮食的很小一部分。吃得最多的还是糙米饭、蔬菜和植物类食品。

"自然教育托儿所"以及我儿子上过的"公共教育托儿所"是这么定义儿童饮食的：

- 食用绿色农产品、水产品、畜产品。
- 食用应季的蔬菜水果。
- 食用由本地食材（本国农产品）做成的食品。

● 食用自然发酵的传统食品（不要太咸）。

● 食用由天然调味料制成的原味食品。

● 多吃谷物及蔬菜。据说对身体最有益的还是谷类及蔬菜类食品。适量摄取肉类。

她家的食谱既与哈佛医学院的"儿童健康饮食金字塔"接近，又和"自然教育托儿所"、"公共教育托儿所"的饮食理念相吻合，即他们家的食物不是纯粹意义上的好吃的。但是问题又来了，是不是大人们只要按照要求做出来，孩子就会乖乖地吃呢？如果孩子只挑自己爱吃的东西吃，那岂不是毫无意义可言了吗？

儿童与优质蛋白

🔖 蛋白质是维持身体机能正常运转的营养物质。儿童比成人来说需要更多的优质蛋白。因为只有摄入了适当的蛋白质才能刺激身体发育。但是过量摄取蛋白质会增加心脏负担。所以每天只要摄入总热量20%左右的蛋白质就够了。

🔖 对孩子来说，鸡蛋、牛奶、肉、鱼等是最理想的蛋白质来源。因为这些食物里面既有易于消化吸收的蛋白质，也含有适量的必要氨基酸。它们95%可以被身体吸收。坚果类、谷类、豆类等植物性蛋白里缺少了一些必要的氨基酸。所以以素食为主的家庭最好能给孩子补充各种类型的植物性蛋白。只有这样才能全面补充蛋白质。

🥔 如何喂孩子

为了养成健康的饮食习惯，除了"吃什么"，"怎么喂"也是一个很重要的问题。

儿科专家夏医生每次见到我抱孩子去打预防针，都跟我建议说："你的孩子出生已经有几个月了，最好能让他每个星期吃几百克的肉。"他的好心提点让我感激不尽。但实际上喂孩子没那么简单。虽然知道该"吃什么"，但还是不知道该"怎么喂"啊，这让人很是郁闷。让孩子养成健康的饮食习惯绝非易事，需要同时考虑"吃什么"以及"怎么喂"，这就像鸟的翅膀一样，缺一不可。

阿兰·华克教授在《儿童营养健康指南》一书中详尽叙述了如何教2岁左右的孩子正确饮食：

● 哄孩子不要挑食。

● 养成规律进食的习惯。

● 在家制作食物。

● 揣摩孩子的心理。

● 和广告竞争（争取孩子）。

● 知道孩子在外面吃的是什么。

事实上，几乎所有的妈妈都在抱怨"喂孩子吃饭很头疼"。不光是我的孩子，世界上绝大多数的孩子都不太爱"好好吃饭"。想让他们养成健康的饮食习惯，需要妈妈的耐心和不断的努力。那么具体该怎么做呢？

第一，让他们不挑食。很多妈妈都反映说孩子不接受新食物，我们家的孩子也不例外。心理专家指出这是人类的本能反应。在原始时代尝试新东西有时意味着死亡，因为一不小心就可能吃到毒草，所以人类对新事物会有本能的恐惧。

想让孩子适应新的食物，父母至少要尝试10遍以上才行。你可以把食物切碎，或是和其他东西混在一起，或是把食物放在他喜欢的盘子里等。这个过程你需要足够的耐心。到什么时候为止？当然是孩子接受时啦。

第二，父母要帮助孩子"规律进食"。要让他们知道：到点就应该坐到饭桌前吃饭；不要一边看电视一边吃饭；不要在自己的房间或是客厅一边玩一边吃饭；无论喜不喜欢吃都要在饭桌前至少坐上10~15分钟等。

孩子刚开始肯定不会听话的。为了让他"坐10分钟"，妈妈可能会累得筋疲力尽。实在不听话时，妈妈就应该果断地把饭菜收起来了，让他饿到下次吃饭为止。这也是一个不错的方法。千万不要因为失败过一两次就轻言放弃。妈妈是最需要耐心的人，一定要忍到孩子接受自己的理念为止。

第三，给孩子吃自制食品。外面的食物会比家里做的食物含有更多的盐、糖、脂肪和热量。所以最好还是给孩子吃自己做的东西，尽管这样做有些麻烦。为了让孩子不偏食，可以和他们一起做饭或是在家种点简单的蔬菜，又或是带他们去市场买菜，等等。与其做了饭让孩子吃，还不如让孩子享受一下准备饭菜的过程。这样也会增加他们对食物的兴趣。

第四，揣摩孩子的心理。过分执著于只让孩子吃对身体有益的食物，或是严格限制孩子吃对身体有害的食物都会产生反作用。与其禁止孩子吃这吃那，还不如每天给他做些营养均衡的食物，然后引导他多吃一些。总之一定要有耐心。即使刚开始不吃，也不要轻易放弃。牢记这是一件耗时耗力的工作。

第五，不要让孩子被广告迷惑。有时孩子会缠着你买电视广告上或是汉堡店里的各种玩具。意志力坚定的妈妈会断然拒绝这个要求，但耳根子软的妈妈却经不住孩子的纠缠。我也一样。虽然已经说不行了，但最后还是会被他们打败。因为如果伤了他们的心，再去哄会更累。但是我给自己下了个决心，那就是只有在我忍无可忍的情况下才会稍微放纵他们一下。然而一出新玩具，他们就会问："妈妈，我们上次是什么时候吃的汉堡？才过了几个月吗？"

所以，无法彻底拒绝的父母最好像我一样"尽可能地不答应"。

第六，清楚孩子在外面吃的是什么。你应该去托儿所或是学校打听一下孩子们的课间餐都吃什么、怎么吃。要把如何喂孩子当做选择托儿所的首要标准。目前大多数小学里都设有课间餐监督委员会。这就意味着周围有不少的妈妈都很关心孩子们的加餐问题。你最好也能加入到她们的队伍中去。

"自然教育托儿所"和"公共教育托儿所"都认为饮食教育比认知教育更重要。所以两者都把这个作为幼儿教育的核心问题来抓。我很满意他们的这个原则，所以把孩子送到了其中的公共教育托儿所。因为我认为孩子生下来之后最需要学习的知识就是"如何好好吃饭"。下面就给大家介绍一下自然教育托儿所的"饮食"理念，公共教育托儿所的内容也也和这个差不多。

1. 让孩子学会细嚼慢咽。

细嚼慢咽对提高注意力和记忆力很有好处。集中注意力吃饭的话，会让孩子认真对待食物或是与食物相关的所有东西。

2. 让孩子拥有一颗感恩的心。

让孩子知道"大米是在自然界（如阳光、水、土地等）共同作用下生长出来的"、"大米里包含了农民伯伯和厨师辛勤的汗水"。告诉他们要有一颗感恩的心。

3. 让孩子学会分享。

应该让孩子从小就养成和朋友分享食物的习惯。对象不仅仅是人，还有兔子、狗、鸡等小动物们。

4. 大人动筷子之后再吃。

除了餐桌礼仪以外，还要教孩子社会礼节方面的知识。

哈佛医学院的建议虽然具体实际，但是并没有涉及"怎么吃"的问题。自然教育托儿所和公共教育托儿所虽然强调了"怎么吃"，但还是比较抽象教条。尽管如此，他们还是给了我们很多思考空间。那就是吃既是关系到宇宙生命的学问，又是提高人类精神力的大事。

你要问这对孩子是不是太难了？其实不然。像公共教育托儿所不仅让孩子学做煎饼，还教他们种菜什么的。我们的孩子天生就有很强的自然观察力，再加上很有爱心，所以坐到餐桌前不用别人教就会用感恩的心对待食物。这些知识不从小时候学还要等到什么时候呢？我这里不是要说教孩子学习什么深奥的哲学，而是想让他们懂得"感恩"。对学校的这些教育理念我感同深受。因为经历了家人的不幸之后，我已经充分认识到一日三餐并不是填饱肚子的小事。

再强调一次"怎么吃"与"吃什么"是同等重要的事情。

蔡妈妈有一段时间曾把孩子们寄养在了婆婆家。因为丈夫要在家准备资格证考试，为了生活她不得不这么做。事实上，女儿7岁、儿子4岁的时候才真正会"好好吃饭"。也就是说在这之前他俩表现得并不太好。

仔细想想，在教育孩子的路上没有什么事情是"太晚了不能做的"。即便父母是后知后觉，但只要努力就一定会有成效。孩子也会在大人的努力下渐渐转变的。

蔡妈妈的巧手

"一起剥吧。"

那是读大学时候的一件事。一次仁淑正打算出门和同学玩。妈妈却不知从哪儿弄了一捆大葱让她剥。当她意识到只有剥完之后才能去时，她哭了。因为她打心眼儿里不愿意这么做。

她心里清楚帮助妈妈是理所当然的，因为父母一直在为全家人的生活四处奔波，她就是做着家务一点点长大的。有时候妈妈忙得做不了饭，刚把菜买回家就又出门了。她就只好一边照顾弟弟，一边自己做饭吃。上中学以后，这种事就更频繁了。当然有时间的话，妈妈也会精心准备一桌饭菜。妈妈做的可口饭菜，还有为了招待女儿的同学特意准备的炸红薯，至今回想起来都让其备感温馨。她的巧手厨艺大部分都遗传自妈妈，什么东西只要吃过一次就能照着做出来。

她是在学"气天门"（韩国传统武术）时和丈夫认识的，他俩都是来学习养生之道的。丈夫的肝不太好，所以从结婚开始他们就尽量不吃刺激性食物。幼静和硕焕不吃太辣太咸的食物应该也是受了他们的影响。据说结婚之后她还把吃辣的习惯给改掉了。

丈夫毕业于名牌大学，工作了一段时间以后打算考一个专利申请代理人资格证。在准备考试期间，她负责起了家里的

63

生活。即便是在丈夫通过考试后的一段时间里，她仍然坚持打工，帮邻居看孩子，给学校做课间餐等，总之从事的兼职基本上都是"家务"性质的。家务型的兼职和其他工作有很大不同，因为在挣钱的同时还可以帮助别人，给别人带去温暖。

看见吃了自己做的饭，便秘奇迹般痊愈的孩子，还有那些吃了"妈妈牌课间餐"而不停道谢的低收入家庭的孩子，仁淑打心眼儿里感到高兴。

双职工夫妇的孩子比较缺乏父母关爱。所以她觉得他们最需要的是"母亲牌食品"。

每次去送课间餐时看到孩子们满足的笑脸，她也特别高兴。因为她用自己做的食物表达了爱心。

从帮人干活起，她就开始客串起夏令营老师的角色。她主要负责向首尔来的孩子讲解跟大米相关的知识。为了能让孩子多吃点蔬菜，她想了很多方法。她甚至为了让孩子吃点葱而绞尽脑汁。有人见状对她说："别人的孩子干吗还那么费心啊？"

在教孩子认识大米之后，她还和他们一起做米饭。在焖饭的过程中，她教孩子们择菜。能够接触到平时不爱吃的菠菜、豆芽、蘑菇之类的东西，这让孩子们很是兴奋。米饭做好后，孩子们每人都津津有味地吃了一勺。

看到刚来夏令营还怀念饼干的孩子们几天之内就有如此大的转变，她觉得自己做了一件非常有意义的事情。只要有耐心、肯花工夫，孩子们一定会认识到"自己做的饭"比"买来的东西"更好吃的。

在和她聊天的过程中我一直有这样一个认识，那就是让孩子养成健康的饮食习惯是一件不可能一蹴而就的事情。

事实上，每个妈妈都担心自己的孩子受到加工类食品和有害食品的影响，但是回到家后需要转变一种说话方式。与其强硬地命令孩子不能吃这不能吃那，还不如耐心地引导他们养成正确的饮食习惯。

在家做饭不需要外面那样华丽花哨，只要有一颗谦虚真诚的心就足够了。一顿温暖的饭菜不是更有说服力吗？

她给人的第一印象就是像水一般温柔。她说自己比较单纯，所以看不到周围复杂的事情。在丈夫准备考试期间，她还经常打电话给婆婆报告情况，不让她担心。当然，能有她这样的儿媳妇，婆婆也感到很欣慰。

她说自己很难和两类人相处：一是凡事都很较真或是怕这怕那的人。明明是件小事，他们却总表现得絮絮叨叨。二是不屑于喂孩子吃饭的人。她在和一些妈妈聚会时发现，她们总是很热衷于谈论孩子的学习成绩或是读书之类的话题，而对孩子的饮食问题基本上都是糊弄的态度。这让她很是费解。不过那些刻意想让孩子吃得好点儿的妈妈也让她受不了。

那么该怎么办呢？一定要冷静，不要疯了似的强迫孩子。为了让他们养成健康的饮食习惯，你需要一直坚持正确的引导。这样他们才能逐渐转变过来。

如果只看自己的孩子的话，我不会察觉到他们正在长大。

但和其他孩子一比，就能马上看出差别来。

和很多妈妈不一样的是——她从来不会一边和别人作比较一边来带自己的孩子。她的自信源自何处呢？难道是她的高超厨艺？

采访：
给不会做饭的妈妈的餐桌建议

● 周围人都说您做的饭很好吃，请问有什么秘诀吗？

首先我觉得米饭是餐桌的重头戏。小菜做得不好的餐厅，米饭肯定也不好吃。但如果米饭做得好吃，即使小菜再怎么难以下咽，大家都会吃得很开心。你比如说有机农产品，因为比较贵，所以一般家庭都是从蔬菜或是水果开始接触这类食品的。而我一开始就大胆地把普通米换成了有机米。因为我觉得米饭才是餐桌的主角。只有米饭做好了，餐桌才可能真正丰盛起来。

● 除了做好米饭之外，还有其他一些什么重要原则吗？

我喜欢用时令蔬菜和不太咸的传统食物做菜，我还努力尝试着开发各种天然的不使用化学品的调味料。我们家的主要食物有糙米饭、海带汤以及用紫苏叶做的小菜。

● 您说经常在菜里放芝麻，那该怎么放呢？

我的确经常使用芝麻。做汤或是小菜的时候常用紫菜。我还会把芝麻炒香了放在餐桌上，这样大家想吃的话就可以舀一勺。

● 冰箱里都放了些什么？

我常在冰箱里放的调料有：辣酱、蘸酱、调味汁、芝麻油、酱油、生姜粉、虾粉等。

冷藏室里还有各种年糕（忙的时候可以给孩子们当加餐吃）、大枣（秋天多买了一些，煮熟后碾碎，冬天可以拿出来吃）、坚果类、豆类等。

67

制作美味的糙米饭

🔖 糙米只有经过充分浸泡以后做出来的饭才够柔软，每次至少浸泡12小时以上。如果天气开始变热，可以把米放在冰箱里浸泡。如果没时间做的话，也可以在白米中加点糙米做着吃。

🔖 做糙米饭时，掌握米的比例很重要。一般来说，只有在糙米中掺入一些杂粮做成的饭才能称做是糙米饭。如果刚开始吃不惯，可以在白米中放糙米或杂粮来过渡，之后再逐渐增加糙米的比例。为了让糙米饭吃起来更软糯，需要放入一些有黏性的杂粮。比起混合谷物来说，加糙糯米、玉米、黄米中的一两种即可让饭变成另外一种风味。但是杂粮不利于消化，所以不宜加得过多。

🔖 蔡妈妈家做糙米饭时，糙米、糙糯米的比例是6∶4或7∶3。然后再在里面加上一种杂粮。虽然她家主要吃糙米，但孩子想吃白米的时候也会偶尔给他们做上一两顿。在白米里面加上黄米、玉米或黑米做的饭也很受孩子们欢迎。此外，还可以放一些最新出产的绿米或红米之类的试一试。

　　* 统计一年的生活费时，你可以发现有机大米在全部开支中所占的比重并不太大。相反，杂粮显得更贵。不过只要少下一两次馆子，少点一两个荤菜这些钱就能省出来了。不知道是不是因为吃糙米饭可以均衡营养，反正现在一家人对荤菜的兴趣已经没那么大了。

糙米为什么好

因为糙米需要反复咀嚼，所以它不仅可以强健我们的牙齿，还可以刺激舌头和味觉神经，改善偏食状况。另外，糙米还可以有效调节营养吸收的速度。这对营养过剩的现代人来说显得尤为重要。

孩子的内脏还处于成长期。就像肌肉需要通过运动来强化一样，孩子的脏器也需要通过运动和刺激才能健康地成长。从这个层面上来讲，糙米还是一种刺激并锻炼我们身体的食品。

另外，纤维质还可以成为肠道内乳酸菌的食物。比起通过乳制品或药品来获得乳酸菌，经常吃糙米饭以摄取纤维质进而繁殖并维持乳酸菌更加有效。

糙米和蔬菜可以维持肠道内的菌群平衡，让我们更健康。刚开始时，孩子可能会由于糙米不好消化而将其排出体外。但只要把糙米泡软经常做饭给他们吃的话，里面的纤维质也会慢慢被分解吸收。

——摘自《餐桌上的智慧》

● 虽然大家都知道吃传统食品好，但是对刚生完孩子的年轻妈妈来说，做传统食品不太现实。就好像刚生了第一个孩子还没缓过劲儿来，婆婆就让跟她说再生第二个一样。

嗯。你说得没错。40岁之前还是买来吃吧。40岁以后，孩子也大了，那个时候再学腌泡菜或是做大酱也不晚。

● 蔡妈妈厨艺高超所以不用担心什么，但像我这样还把做饭当成一种负担的妈妈来说又该如何是好呢？

不要有负担，你只要专心做好一道菜就行了。我忙的时候也那样。比如说泡菜豆腐就是一个不错的选择，先把泡菜炒香，然后再把煎豆腐摆在旁边就行了。炒乌贼也不错，多放点蔬菜然后再一起炒。

没有材料的话就简单地做。你比如说做某些菜需要五种原料，但冰箱里只有三种时，很多人就不打算继续做了。其实想办法找一两种替代品就好了。不要老是认为缺了什么就没法做，一定要换个角度思考问题。

普通家庭不可能每顿都煮汤、烤鱼或是拌菜。对要上班的妈妈来说这就更困难了。我不是建议大家大鱼大肉，只不过觉得一个星期精心准备一两顿饭菜，其余的时候只要做好一道菜就行了，要是再配上点蔬菜就更棒了。

● 提高厨艺的秘诀是什么呢？

最好能和周围的妈妈们一起参加厨艺团体。一般只需交个材料费，定好时间就可以开始活动了。这类团体的目的不是要去品评什么，而是为了互相切磋学习。所以经常参加这类活动的话，厨艺和做饭的兴趣自然会有所提高。

● 实在做不好饭的妈妈们该怎么办呢？

这样的妈妈们通常会精通其他一些东西。其实我不会的东西也很多，我觉得妈妈们不必过于关注自己是不是会做饭。如果不擅长做饭，把注意力放在"健康和新鲜"这两个方面也是可以的。

■ 像我一样需要上班的妈妈可以这么做。就是找一两家不用或少用调味料，又或是用料比较放心的店买小菜吃。在家里做米饭，从外面买小菜的话，至少比全部都在外面吃要强得多。

● 如果孩子缠着您买加工类食品的话，该怎么办呢？

首先妈妈需要了解饼干或火腿之类的东西都含有哪些添加剂。当孩子想吃这类食物时，你可以将包装上标注的信息读给他们听，告诉他们什么东西吃多了以后对身体不好，然后让他们自己决定。这是最好的方法。另外，与其不让孩子吃不健康的食物，还不如把心思花在让他们多吃一些健康的食物方面。所以在家做三餐是极其必要的。

● 怎么才能让课间餐更好吃？

虽然给孩子做课间餐是为了挣钱，但另一方面我也想让他们感受到来自于父母的爱，所以当时我设计了很多种加餐。但对孩子来说最好的料理方法还是蒸以及焯。越爱自己的孩子，就越应该简化烹饪手法。如果用油炒菜的话，那孩子吃的不是蔬菜而是炒的味道而已。虽然有时为了刺激食欲可以用一些特别的烹饪方法，但还是越清淡越好。

● 一定要去"超市"买东西吗？

"超市"的产品比较值得信赖，但这并不代表非得去那儿买不可，只要能确保买到的食物够新鲜就行。与其买很多有机农产品囤在冰箱里，还不如去附近的市场或有信誉的商店买新鲜的农产品。即买即食是最理想的。

■ 我在读完《影响生活的12种食物》这本书后，在给孩子吃他们不喜欢的食物这个问题上，受到了一些启发。关键就是"不气馁，反复尝试"。

据说大多数孩子都会对新食物持谨慎态度。如果家长经不起孩子的央求，他们要什么就给他们买什么的话，那最后他不想吃的东西就会越来越多。而爱吃的东西其实都是一些对身体不好的垃圾食品。

我的孩子也曾抗拒新食物。但那时我并不知道别的孩子也这样，还以为他们都像爸爸一样不愿意挑战新事物，为此我还暗自伤心了很多回。然而这些都是没有事实根据的凭空想象。正是因为妈妈的无知和缺乏耐心，很多尝试就这么轻易地失败了。

实验证明：其实当孩子看到父母或是朋友们都很喜欢吃自己讨厌的食物时，他们的内心也会跟着动摇。其实我们的日常生活中就有很多类似的例子。当邻家哥哥或是堂兄妹们来家里玩时，孩子往往会见他们吃什么自己也就跟着吃什么。

《影响生活的12种食物》就建议父母：想让孩子吃某种食物之前，最好自己也盛上一大碗。不要急于求成，只管反复地做同一种食物就行。如果孩子不吃，就马上拿走。一个星期以后再给他做同样的东西。就这么反复地做，直到他们接受为止！

另外还要记住一点，千万不要跟孩子说只要好好吃饭就给他们买冰激凌之类的话。这么做只会让他们觉得吃蔬菜是一个必须完成的任务而已，这种不快感会加深他们的负面情绪。所以最好这样引导孩子，例如说只要好好吃饭就奖励你一张贴纸。等攒够一定数量时，你就可以做自己想做的事或买想要的东西。不要动不动就奖励孩子吃方便面或冰激凌，要让他们知道除了吃甜食还有很多事情可以做。不管怎么样，最终的目的还是要让他们接受对身体有益的食物。

给孩子吃时令食物的理由

隆冬的都市，看着孩子正津津有味地吃着从水果店买回来的香瓜，妈妈深深地叹了一口气。妈妈是从农村出来的，虽然孩子把香瓜当做冬天的美味，但妈妈记得以前吃的时候却是在盛夏，而且还是在瓜棚里。

虽然妈妈在夏天的瓜棚里吃到的香瓜和孩子从冰箱里拿出来的香瓜可能在外观或味道上没什么差别，但有一点很肯定，那就是两种香瓜是截然不同的。

妈妈看着孩子的爷爷奶奶把香瓜种子撒进地里，看见它生根发芽，开花结果，直到收获。整个过程妈妈都亲身经历了。

所以妈妈吃到的香瓜绝对不是普通的香瓜，因为那里面还包含着香瓜的生长史。妈妈在吃香瓜的同时，也把它的历史一起吃进了肚子，并且牢牢地记住了这段历史。妈妈已经学会了栽种香瓜，她想自己什么时候也种一种吧。

但孩子吃到的香瓜是没有历史的。至少，历史发生的时候，孩子都不在旁边。虽然不知道孩子以后还会不会成为香瓜的消费者，但他们已经不可能成为生产者了，因为他们脑子里留下的信息只有"水分多的甜食"而已。不过这里举例的"香瓜"已经算是很幸运的了，因为人吃不吃香瓜都能活。但如果把它换成人类赖以生存的粮食的话，情况又会如何呢？

——摘自《独自生存、共同生存》

第二章　学会吃才能懂得生活
——健康饮食达人：蔡妈妈

● 很多人都说饼干不好，您是怎么看待这个问题的呢？

首先我并没打算给孩子吃饼干。就算给他们买，我也会尽可能地选择"消协"认证的饼干。但是如果我的父母给孩子们买了的话，我还是会让他吃的，因为那是爷爷奶奶的一片心意，没必要非不让孩子吃。另外你越不让他们吃，他们就越想吃。孩子也有自己的文化，而且就一般人看来，长辈们给孙子买饼干其实是一种爱的表现，所以在这种环境下我们根本无法杜绝一切有害食品。所以我认为对待饼干这类食品的正确态度是——可以吃，但尽量少吃。

● 现在的孩子都喜欢吃各种酱料或沙拉，有什么可以替代的东西吗？

说市面上销售的各种酱料是一坨添加剂一点都不为过。所以我们通常都是自己在家做。比方说肉酱就很受孩子们的欢迎。

● 关于饮食方面还有什么要跟大家分享的吗？

请大家多多留意我们妈妈那个年代的"饮食生活"，以前很多人经常在家做食物分给邻居吃。让孩子们也体验一下吧，让他们知道真情是包含在自己亲手做的食物里，而不是巧克力派里的。

多吃一些没吃过的东西，仔细观察可以发现大多数家庭经常在吃以前吃过的东西。多给孩子吃一些时令蔬果吧。另外也别忘了好好审视一下孩子的生日餐桌。以前生活条件差，生日的时候吃点炸鸡或比萨已经很奢侈了。但是现在时代不同了，为什么过生日还在吃这些东西？多给他们准备一些海带汤（韩国人过生日时通常会喝海带汤）、烤肉、炒粉丝、沙拉之类的食物吧。用年糕代替蛋糕也是一个不错的选择。做年糕并没有想象中那么难，我就在孩子过生日时做过一次，大家吃得都很开心。生日不正是我们教育孩子养成良好饮食习惯的最佳时机吗？

轻松做年糕

材料：米粉4～5杯，白糖或蜂蜜4～5汤匙，煮好的小豆或大豆

1. 把米洗净后送到磨坊去磨（要多淘几次米，然后浸泡5～6小时。磨的时候，让磨坊的人往里加一些盐）。

2. 在煮好的小豆或大豆里面放少许糖拌匀。

3. 在米粉里加上2～3汤匙水拌匀，然后再把米粉放到屉子里（蒸年糕时如果水不够的话，米粉会发白而不熟）。

4. 在第三步之后放入煮好的大豆或小豆。

5. 最后再放糖，然后盖上屉布蒸20～25分钟。

6. 用筷子戳一下，不粘米粉就是做好了。

把牛奶盒子或是纸杯剪开后在里面放上米粉蒸的话，就可以做成迷你年糕了。

Tip：剩余的米粉怎么办呢？做煎饼的时候放一些可以让煎饼变得更加香脆。另外还可以在米粉中加入一些牛奶，再往里面放些红薯粒，然后放到饼铛上去烤。一个营养丰富的小零食就做成了。

你的厨房够温暖吗

日本营养学家松田舞子对儿童容易出现的"恶性连锁反应"作出了如下描述。

给孩子吃了不恰当的食物 → 缺乏所需营养 → 免疫力下降 → 容易得病 → 经常感冒、得中耳炎或气管炎 → 带孩子去看儿科 → 使用抗生素 → 肠道内有益菌被杀死→ 更容易生病

从小就经受这种恶性循环，那长大以后会怎么样呢？不用等到长大，孩子现在已经很痛苦了。仔细观察你会发现周围有不少妈妈和孩子正在重蹈覆辙。其实我没资格指责别人，因为我自己也曾经那么干过。

如果好好地喂孩子吃饭，那么他们就可以与医生绝缘了（突发事故或紧急状况除外）。德国医生麦克斯·格尔森一直强调食疗在癌症治疗中的重要作用，他很早就说过"如果谁家的炉火熄灭了，那么患疾病也就不远了"。家里的厨房应该保持温度。

但每天做饭实在太难了，如果家庭成员都能分担一些家务该多好啊。妈妈做早饭，爸爸做晚饭，中午饭全家人一起做。家务劳动最好能够民主化，这样才能保持厨房的温度。然而现在看来要实现这个目标还任重而道远，因为大部分家庭的家务活还是落在了妈妈身上。不过为了全家人的健康，特别是孩子

一生的健康，不得不从妈妈做起。

《狗屎》的作者权正生老师二十年如一日地在一个农村小教会里敲钟。某年冬天凌晨4点，他戴着手套在寒风中敲着钟。突然他意识到自己犯了一个严重的错误。在这个上天在向世人传递福音的神圣时刻，自己居然还嫌天冷戴着手套。从那以后，即便再冷他也不再戴着手套敲钟了。

蔡妈妈家的餐桌（区域不同，仅供参考）

春季食品——荠菜汤、紫菜包饭

春天大家都爱吃新鲜的蔬菜。荠菜既可以拿来蘸酱吃，也可以拿来煮汤。艾草既可以拿来做蒸糕或油炸食品，也可以放点酱油拌着吃。

挑几种自己喜欢的蔬菜，再切一些火腿、鸡蛋丝做紫菜包饭也是一个不错的选择。

夏季食品——大豆面、小萝卜面、绿豆汤

这是一年中食物最不丰富的季节，主要吃的是单一料理或面条。把大豆煮好后放入冷藏室，需要的时候再拿出来做成面条。和面的时候放上一点芝麻、花生或是松子做出来的面会更香。在碗里放入一些加好调料的海带水，再配上一些腌好的小萝卜泡菜还可以做小萝卜面。另外夏天还常喝点下火的绿豆汤。

妈妈们在准备饭菜时，多想想权老师是怎么做的吧。他的行动给了我莫大的鼓励。每当我嫌累想订餐时，一想起权老师，我就会把电话放下，打起精神去做饭。我居然连维持家人健康都嫌麻烦，这实在是太需要反省了。用虔诚的心做好每一顿饭菜之后，丈夫不仅向我道谢，还帮我洗碗。我做饭，孩子摆碗筷，丈夫洗碗，到这一步总共花了我10年的时间。虽然他们没帮什么特别大的忙，但我仍然感到很宽慰。

秋季食品——八宝饭、细丝鸡肉汤

秋天是新米上市的季节。可以多买一些栗子、大枣以及豆子做八宝饭或者蒸年糕。

细丝鸡肉汤是一年四季都可以做来吃的食品。用足量的蕨菜、芋头、洋葱、大葱来煮汤可以吃很久。

冬季食品——豆腐渣汤、豆腐渣饼、土豆汤、凉粉、小豆粥

在韩国冬天经常做泡菜料理，用豆腐渣做汤或是做饼味道很好。还可以用白菜帮、大酱、虾酱、大蒜、粉、豆芽、土豆来做土豆汤。如果想更简单点，在猪脊骨里只放白菜和土豆也可以做土豆汤（再怎么简单，充足的洋葱和大葱都是必不可少的）。

我还经常和孩子们一起做南瓜粥或是小豆粥。

即使再委屈也继续坚持干活，这样的你最伟大。你用实际行动表达了母爱，照顾了家庭，你是最有魅力的人。但不要想把每件事都做到完美，眼下你只要不让炉火熄灭就算达到了目标。一盘豆腐、一碗泡菜，或是一份烤鱼、一碟海苔，哪怕只有一碗泡菜也请你端上来吧。你要学会满足于一顿朴素的饭菜。如果能再来一点生蔬菜和坚果类的食品就更是锦上添花了。事实上，比起那些油腻华丽的食物，吃这种简单的食物长大的孩子更健康。

我要学习之
蔡妈妈
的优点

1. 拥有一双巧手。

勤快才能让人变得贤惠，只有懂得牺牲才能变得高尚。我很羡慕她那双灵巧的手，即使知道给孩子"吃什么"、"怎么吃"，但是没有那双手也是绝对不行的。我常说妈妈也有各自的优点，有人擅长读书，有人擅长美术游戏。能够各自发挥专长就很了不起了。但是"吃"有些例外，因为全世界绝大多数妈妈都在为这件事而努力着。即便其他方面做得不好，只要能在"吃"这个方面下足工夫的话，那么就算成功完成了妈妈一半的使命。

我的婆婆就是这样一个人。在她70岁大寿之前，她的婆婆（也就是我丈夫的奶奶）去世了。我深深地被她折服了。这个不管刮风下雨，身体好与不好，一辈子尽心尽力伺候公公婆婆的女人让我自愧不如。我最尊敬的人不是那些学识渊博的专家，而是她或是我婆婆这样的普通人。我也想拥有一双她们那样的巧手。

2. 从容不迫的态度。

让只有喜欢或讨厌概念的孩子认识到"什么食物好"、"什么食物不好"。她并没有强迫孩子怎么做，她只是想为孩子准备好的食物，确保他们每天都能吃到健康的东西。她的这种态度是正确并且有智慧的。我是不是也应该转变一下方法让孩子们养成健康的饮食习惯呢？

蔡妈妈的小贴士

1. 在身边放一本朴实的食谱。

我的朋友有一次对我说。她从一本书上学会了如何做加州手卷，于是就去买了相关的材料，结果花了几万韩币。买完材料之后，当天就做了一次，吃完以后觉得很没意思。她觉得从食谱上学来的这种华丽食物好像做完一次就不想再做了。所以做日常饮食时，只要做到简单朴实就行，没必要学那些华而不实的菜肴。

2. 用心做好米饭。

米饭在餐桌上占了一半以上的分量。所以请务必用心做好米饭。

3. 只买自己弄不好的食物。

有时忙的话，我会到"超市"去买骨头汤。像血肠汤之类的食物我们有时也会到外面吃。但是每次吃完之后都感到很空虚，因为还是没准备好第二天要吃的东西。所以老去外面买吃的也是一个恶性循环。

4. 和身边的妈妈们一起做菜。

互相切磋技艺，厨艺就会逐步提高。

5. 把孩子带到原料产地去看看。

通过实地考察，孩子会对食物有新的认识。

第三章

亲身经历过才能活学活用

——寓教于乐的教育达人：李妈妈

66 父母不可能帮孩子解答数学题，但是有两件事情是可以做的。一是让孩子体会到数学的趣味性，二是增强他们学好数学的信心。做到这两点就相当于给孩子开启了数学之门的钥匙。**99**

　　东东是一个好奇心很重的孩子，她很早就和伙伴们一起玩各种数学游戏了。她从两岁起就对粘贴制作之类的游戏表现出了浓厚的兴趣。三角形、方形、圆形等形状已然成了她的好朋友。另外，通过叠衣服，她掌握了"大小长短"的概念。她还知道哪些衣服应该放到卧室，哪些应该放到卫生间以及小屋的衣橱里。通过用火柴棍和橡皮泥给原始人搭房子的游戏，她拥有了图形思维能力。除此之外，东东还通过玩围棋、做饭和针线活等接触到了诸如数字、样式、测量等几乎所有类型的数学概念。

　　东东在一、二年级之前都没做过练习册。即便这样她的数学成绩也没有低过90分。"妈妈，我是不是也应该像其他同学那样做下习题呢？"

　　因为妈妈从来不说练习册的事情，所以到了二年级以后东东终于提出了要数学练习册的要求。

　　"这个嘛……等你上高年级以后再说也不迟。"

　　妈妈这个不紧不慢的态度反而让女儿更着急了。东东最终还是软磨硬泡，缠着妈妈给自己买了练习册，然后开始很认真地做了起来。

　　东东不是每天都在玩，她很早就和幼儿园的小朋友们一起做计算题。从那时开始她就发誓要建一个"东东专属题库"，其实这个所谓的"题库"只不过是她记录想法的草稿本而已。但这个草稿本里除了4+4=8、8-4=4之类的算式之外，还会出现一些极具画面感的句子。

"从前有四颗水珠生活在一起。有一天邻村的四颗水珠来找它们玩，正当它们玩得高兴的时候，住在隔壁的水珠却把其中的四个伙伴抢走了。大家都很伤心。"就这样通过水珠的故事，东东对加减法更熟了。

"哎哟，写得真好！这才叫题库嘛！"

妈妈经常称赞东东写的东西。每当这个时候，东东都像得了诺贝尔奖一样高兴。

东东经常会把学到的东西用于实际生活中。例如，在学带分数的时候，即便是煮方便面，她都在念叨"放入二又二分之一杯水……"她能像背歌词一样记忆数字，这得益于她从小就和妈妈学了很多数字歌曲，所以连乘法口诀也都能在几分钟之内背下来。另外，她还很会给小朋友讲题。因为讲得太好了，大家都称她是"数学家教"。"比起大人们讲的，东东说的更容易理解。"小朋友们如是评价她。就这样通过数学游戏，东东掌握了世界的"某种规则"和"秩序"。

除此之外，东东还有挺多和其他小朋友不一样的经历。比如说和妈妈还有朋友们一起去参观博物馆就给她留下了深刻的印象。从农业博物馆到自然博物馆还有首尔历史博物馆，每次去，她都能通过观察或触摸感受到世界的丰富多彩。能在这里看到书上介绍的东西让她很高兴。反过来，如果上课时再看到的话，又会进一步加深她的印象。由此可见，她的知识不是坐在桌前苦读，而是通过亲身体验而得来的。这种体验让她的知识一天天地渊博起来。

"印在纸上的数字"不是数学

东东的妈妈是一位有着十年教学经验的数学老师。她见过的孩子中，有相当一部分数学成绩不好或是讨厌数学。

"我想生活在没有数学的世界。"

"数学到底是谁发明的？"

孩子们满脸不悦地抱怨着。这让元英大惑不解。

很多妈妈都不愿看到自己的孩子讨厌数学。那么孩子和妈妈之间究竟发生了什么事呢？通过仔细观察，我发现越是讨厌数学的孩子，他们接触或解答数学题的时间也越早。

"我的孩子一、二年时数学成绩还挺好的。但是越到高年级越没有后劲儿了。"很多妈妈都这么说。这究竟是为什么呢？

原因就是基础不扎实。

从小就学习数数及加减运算的孩子，一、二年级的时候可能还会觉得数学很简单或是有意思，然而数学世界远比加减乘除要广阔和深奥得多。一旦开始接触到图形、测量、分数、函数、方程式等概念时，这些孩子就不知所措了。因为他们不具备坚实的数学基础，还停留在数一二三、做加减法、背九九乘法表的水平。这些孩子的数学基础就像没有打好地基的建筑一样很不稳固。

让孩子在成长中多体验一些有趣的数学游戏吧。一边玩游戏（对孩子来说数学游戏就是一种游戏而已）一边培养数学思维能力非常重要。只要让孩子认识到"数学很有意思，我能学好数学"的话，他们学好数学的概率就会大大增加。这也是元英一直热衷于和女儿玩数学游戏的原因。

2002年，李妈妈总结女儿和她的伙伴们喜爱的数学游戏后出版了一本名为《游戏数学》的书。在序言里她明确表示了对家庭数学教育现状的担忧。

"……从小就接触书本教育的孩子，越大越会觉得数学难，解不开的题目也很多。这是放弃游戏选择书本的必然结果吗？"

她说大部分的孩子越到高年级数学就越不好。这些孩子都有一些共同点：例如，不深入思考问题；理解能力差，不懂词汇和语法；缺乏城市儿童应有的游戏体验；动手能力不足导致的空间感差等。

《游戏数学》的问世正好弥补了这些不足。书里的游戏让我和我的儿子获益良多，我俩经常玩得不亦乐乎。

当然，想学好数学，光靠这些游戏还是远远不够的。目前韩国学校里的数学教育就不符合孩子的实际年龄，内容普遍偏难。这是一种典型的解题为主的教育模式。因此，从学校到家庭，甚至是培训机构，数学教育都是偏重于应试方面的，目的就是为了得高分。很多妈妈也热衷于让孩子接受这种教育。她们的这种危机感虽然看似很合情理，但实际上也存在着问题。因为她们太性急了，有的妈妈从孩子5岁起，有的甚至在孩子3

岁时就产生了危机感。

但是，我要劝妈妈们始终记住一点——数学是需要分阶段学习的。

数学只有经过系统的学习之后才能形成所谓的"思维力"。思维力是需要时间的，这是它的特性。让孩子在嘻嘻哈哈中体验各种不同的数学游戏是非常有必要的，这个过程越深入孩子就会越喜欢数学。只有喜欢才会思考，只有思考才能利用已知的知识达到更高的层次。初高中的数学题就是属于这种范畴。一定要运用自己学到的所有知识才可能攻克难题。如果不愿意动脑筋，谁也不可能解开问题。所以越是在孩子小的时候，家长就越应该思考如何让孩子喜欢或享受数学。虽然所有的知识都应该这么来学，但是数学尤为如此。

她一直致力于通过游戏给孩子一把打开知识宝库的"钥匙"，当然，并不是仅仅局限于数学方面。

她还想给宝贝女儿更多的"乐趣与感悟"。她坚信"没有乐趣的教育是行不通的，游戏才是教育的王道"。她内心里一直在喊："玩吧，玩吧……"

为此她建立了一个名叫"玩吧"（www.nilijaa.co.kr）的网站，她想让妈妈们通过这个网站分享各自的游戏。说白了就是一个游戏库，不光是数学，这里还有烹饪、语言、表现力等各种类别的认知游戏。

2003年的英国之旅对她来说是一次很特别的经历。那年夏天，她和女儿茫然地站在大英博物馆的门前。那里实在太大了，以至于她们不知道该从哪儿看起。环顾了一周后，她们发现门口有很多和东东差不多大的孩子，个个都拿着一张纸认真地看着。

他们手里的正是"答题纸"（Worksheet），这是一种博物馆参观答题卡，这种卡分为很多不同的主题和年龄段。母女俩在答题纸上填色、给动物的耳朵和身体连线、玩拼图等，玩得是不亦乐乎。无论是自然博物馆、话剧博物馆，还是伦敦博物馆等，随处可见这样的答题纸。

这为她们的博物馆之行增添了无穷的乐趣。回国后她俩还沉醉其中，经常去参观博物馆之类的地方。但大部分韩国的博物馆没有提供这种答题纸（不过现在韩国国立中央博物馆的儿童馆、三星儿童博物馆、韩国国立民俗馆的儿童馆也开始提供答题纸了）。

如今的博物馆里随处可见忙着抄写说明的孩子，他们大部分都是为了假期作业才去参观的。这些负担能让他们高兴得起来吗？事实上，任务性的参观只会令他们更加讨厌博物馆。

于是她决定自己动手制作答题纸。她的第一个作品便奉献给了农业博物馆。

——看到原始陶器了吗？请把它画下来。

——请找出四种原始社会栽培的谷物。

——这幅画是青铜器农具的一部分。请补充缺少的部分。

这些内容都是根据孩子们的年龄分类制作的。只要留心

观察新旧石器时代的展区就可以轻松找到答案。孩子们如果能答对，那么就大功告成了。一句夸奖、一枚印章或是一张贴纸都可以令他们兴奋不已，就好像发现了新大陆一般高兴。那一刻，他们才算真正融入了博物馆。

博物馆本来就是一个沉默的空间，我们通常都会把孩子硬推进去。这样他们除了听解说或抄说明之外还能做什么呢？只好"装作学习"了呗。不过一张小小的答题纸却可以让没意思的参观立马变得生动有趣起来。

从2007年开始，她又多了一个"博物馆体验师"的头衔。除了带孩子们参观以外，她还负责给对博物馆教育感兴趣的家长或老师上课。

转眼间东东就长大了，她现在已经是小学高年级的学生了，这个年龄的孩子对世界有着更为强烈的探知欲望。妈妈为东东的成长开启了雷达，她让女儿把精力都集中到自己感兴趣的事物上，博物馆体验就是其中的一个例子。不过现在已经说不清楚到底是妈妈还是东东更喜欢博物馆了。

🎈 妈妈的故事

　　"我想逃避对孩子的责任，把心思放在社会工作上。"

　　她是这样描述她当准妈妈时的想法。即使在生下女儿之后的很长一段时间里，她还在为不知道怎么带孩子而着急上火。她要上班，还要参加团体活动，根本就没时间照顾孩子，也没有地方可托付孩子。所以每天都急得直跺脚。自己的问题、社会的问题还有孩子的问题混在一起让她喘不过气来。

　　她曾加入一个市民民主团体。某天她带着女儿一起去参加会议，但孩子不停哭闹让她无法集中注意力听讲。意识到孩子的哭声影响到了其他人之后，她越发坐立不安了。轮到她发言时，她讲得是前言不搭后语的。其实她参加这个团体的目的其实仅仅是想寻求好心人的帮助而已，希望她们能给自己出点主意。然而大家的冷淡反应让她伤透了心。她们给她的建议是"虽然带孩子很辛苦，但你应该自己想办法解决问题"。那天她抱着孩子哭着走出了会场。

　　带孩子这件事情在21世纪的社会（无论这里民主还是不民主）仍然还是"自家屋檐下的事情"。

　　如果觉得孩子是自己的负担，那么你会产生挫败感。相反，如果你觉得自己是孩子的负担，那么你就想逃跑。

　　通过这件事情，元英暂时放下了"对社会问题的思考"（不对！是不得不放下）。因为眼下怀里的孩子才是她最大的现实问题。

嗯，就这么办！一边好好带孩子，一边参与构建美好的社会。她把孩子送进了公共教育托儿所，一边照顾孩子，一边工作，还要三天两头地和别的家长开会讨论托儿所的问题。这期间她经常就孩子的教育问题和丈夫吵架。不光如此，她还得兼顾婆婆和娘家的事情。这些都让她觉得每天跟打仗一样累，虽然生活得很努力，但还是不免觉得辛苦（我也和她一样）。

从托儿所组织出来之后，她又加入了幼儿教育互助团体。在那里她和妈妈们以及孩子们一起努力地学习着数学等相关方面的游戏。但仔细观察后她发现了问题——妈妈们通常都不以实际行动解决问题，只知道用嘴说如何好好教育孩子。

她一直在思考一个问题，那就是如果自己都不改正错误的话，那之前出现的错误是不是还会反复出现在孩子身上呢？要想成为好妈妈就不能逃避。所以她决定创建或加入"成人学习团体"正视自己的问题。她参加过的团体具体有：

● 公共幼儿教育团体/幼儿教育互助团体。

● 解读女性人生（成立于1999年，主要目的是学习女性相关知识以及审视自我）。

● 成人学习团体（网站"玩吧"的线上团体）。

● 成人学习团体（网站"玩吧"的芦原区线下团体）。

● 快乐妈妈团体（又名"妈咪加油"；住水落山时附近的小区团体）。

在加入各种团体后，她开始知道什么是"我的问题"、

95

什么是"社会的问题"了。但关于"我的成长"和"孩子的成长"的问题还是没有弄明白。这个问题在加入"快乐妈妈"团体之后得到了解决。

这个又名"妈咪加油"的团体聚集了很多相信孩子的成长与自己息息相关的妈妈，什么全职妈妈、自由自业者妈妈、穷妈妈、富妈妈，还有孩子已上中学的妈妈、新生儿妈妈等，简直都可以开一个妈妈博览会了。这些妈妈每周都会按时出席一次团体会议，她们在一起学习已经有两年了，这是件非常了不起的事情。因为经过两年的学习，包括元英在内的所有妈妈都开始发生了一些变化。当然，能有今天的成果是相当不容易的，第一大困难就是如何"宣讲游戏的意义"。

崔妈妈出生于首尔近郊，兄妹六人从小就在自家院子里摸爬滚打，一起做木枪、木刀，还一起"演戏"。她比谁都清楚这段经历的重要性，所以她坚信"儿时的游戏经历会成为一辈子的生活动力"。

但在知识信息时代，游戏往往会被贬低。那种认为玩游戏浪费时间，应该多花工夫在学习上的观念深入人心。妈妈们也不例外。所以要想打破她们的思维框架绝非易事。

无论再怎么强调让语言发育迟缓的孩子听英语广播是错误的，妈妈们依然我行我素。跟她们说在孩子上学之前要准备点什么吧，她们却说还有比游戏更重要的东西让孩子学。总之怎么劝都不听。

妈妈们为什么不容易改变呢？第二大困难就是"无法转变

的态度"。因为能看到别人的错误并不代表自己就不会犯类似的问题。

她非常赞赏儿童教育学家朴文姬倡导的"对话"法，这是一种"倾听孩子"的教育方法。大人要尽量少说话，多听孩子的想法，然后把他们的话记录下来。回过头来再看的话，你会发现大人们平时说话时是多么的自以为是，多么的霸道。她也通过这样的方法不断反省自己，但是反省或后悔只是一刹那的事情，之后依然会对孩子发火，态度一点都没有改善。呃……大人们为什么老这样？

"妈咪加油"的妈妈们发现了自己的问题后，果断地放下了潜心研读的教育书籍，开始讲起"各自的故事"来。什么幸福的幼年时光、如果我不结婚的话现在会怎么样、我这辈子最苦的时候、我推荐的10种物品等。

在妈妈们放下育儿书，拿起了以"自我成长"为主题的书籍时，怪事发生了。她们在自我反省的同时，和孩子的关系也在逐步改善。可以给大家举个例子：

东东每天早上都会花很长时间挑选发卡和衣服。元英一直告诉自己要忍要忍，但是有一天她还是忍不住爆发了：

"喂！已经迟到了啊，非得挑到满意为止吗？"

但某天她又意识到一个问题，那就是女儿会怎么想呢？她会不会觉得很烦？哪儿来的这么一个喜欢闹别扭的妈妈？她想到自己小时候的事情，自从妈妈说她是"丑八怪"以后，她再也不喜欢打扮了。那时候她不也和女儿一样吗？她突然觉得自己像一个"坏心眼"的妈妈。她内心的故事又一次被唤醒了：小女孩明明想把头发留长，但最终还是把它剪短了。每天看着妈妈给妹妹扎的漂亮辫子，她羡慕极了。但是妈妈恶毒的言语深深地伤害了她。虽然知道自己"扎辫子也并不丑"，但她还是放弃了自己。故事到这里，她觉得自己真的做错了，她决定要为女儿梳头，给她挑选最漂亮的头绳，她努力想把这些付诸行动。

从那之后她再也不抱怨了。所以直到今天，她还会站在女儿面前小声说："嗯，打扮很重要……迟到了也没关系。"

妈妈潜在的欲望很容易演变成自己都无法控制的复杂感情。想要发现这种感情的症结或是对孩子的影响非常难。

就这样，她一边自我反省，一边改善着和女儿的关系。也就是说管理好自己才能理顺和周遭人的关系，才能成为孩子的真心玩伴。我想她现在的心情应该就像她的签名"啦啦啦"一样轻松吧。

幼儿教育的双套车——游戏与学习

● 冠以游戏体验之名的学习项目真是非常多，真让人怀疑这些是不是都有用。

比起硬把孩子拉到课桌面前，这些学习还是很有意义的，因为不管怎么样你已经知道了玩耍的重要性。但其实把"游戏"和学习结合一起多少有些苦涩，这种游戏教育比既有的成功案例或是学习方法来说要难得多。如果父母不能和孩子分享玩的乐趣，那么根本就无法进行此类教育。

● "游戏学习"中着重强调"游戏"二字，也就是要通过游戏提高学习，但这并不意味着为了学习才去玩。

没错。我在刚开始教孩子数学游戏时，经常听到妈妈们说"好不容易哄孩子做完了游戏"，或是"……玩一会儿我就发火了"。

天哪！因为孩子没按要求完成游戏，所以就发火了？！游戏的意义在于快乐，如果父母都觉得不好玩，那孩子就更不会快乐了。

● 我曾以企划作家的身份和语言学家乔姆斯基博士一起参与过一个谈话节目。他的一席话让我记忆深刻："我小学三年级的时候对天文产生了浓厚的兴趣，于是便找来天体物理学方面的书籍认真地读了起来，70年后的今天我依然还能清晰地记得书里的内容。但考大学时学的微积分，我却已经忘得一干二净。父母一定要了解这种情况。"那时候我就想："看来不仅是韩国，美国的父母也经常强迫孩子学这学那的啊！"我原以为乔姆斯基博士只会关心美国的大事，没想到他对这方面也深有研究。（笑道）

事实上在给家长讲数学游戏的时候，他们已经觉得很难了。我跟妈妈们讲："如果你们钻研进去的话，就会发现数学其实很有意思，只要你感兴趣你就能成为最好的老师。无论结果是否正确，能享受这个过程就是好的。"但还是有很多妈妈一直问我"卡片要做成多大的呢"、"玩购物游戏时，谁来当店家呢"之类的问题。其实吧，怎么玩都行啊……

玩游戏时不要拘泥于规则，想怎么玩就怎么玩。我们不是专家，最好可以根据孩子的反应来适当调整规则，不要害怕做错什么。例如，要做长方体展开图时，不必为了不小心把纸箱盖子给剪掉了而感到抱歉，能逗笑孩子你就已经成功了。孩子也可能因为这件事而对展开图留下更深的印象。其实通过失误也可以学到很多知识。

● 打开《游戏数学》时，我会从中分别挑一个自己喜欢的、一个孩子喜欢的游戏换着玩。我俩都讨厌的绝对不要。事实上我觉得书上介绍的内容也没必要照单全收。

做得对。虽说知识很重要，但让疲于工作或家务的父母参与幼儿教育着实不易。我在开始玩数学游戏之前就给自己定了个原则，那就是如果自己很累，再好的游戏我都不会参与。因为玩几天就停的话还不如一开始就别做。父母要做的事情太多

夯实基础的比较类游戏（适合2岁以上的孩子）

🖐 给玩具排高矮

1.“把小动物们都摆到地上吧。嗯！放稳了才能比较高矮，对不对？河马、兔子、大猩猩，哪个最高呢？”

2.（把兔子摆到椅子或其他物体之上）

“噢？兔子最高吗？”

“不是吧。应该像其他玩具一样放在地上比，是不是？”

3. 再找出最高的那个玩具之后，让孩子也参与进来比高矮。

※ 我们家谁最高，谁最矮？全家人背靠背来比一比吧，然后再把身高刻在墙上，旁边写上各自的名字。

🖐 比领带、腰带、围巾的长短

1. 故意把围巾弄成一团。

2. 要想知道它们的长度，应该怎么办呢？

“先要把它们全部展开，否则皱成一团的话，就没法比了啊。”

3. 试着跟孩子们说“长”、“短”之类的词语。

“哪个最长？哪个最短呢？”

形象思维训练 I（适合5岁左右的孩子）

🖐 切黄瓜

把黄瓜放在孩子面前，对他们说：

“今天我们要做黄瓜泡菜，你想怎么切就怎么切。要切得漂亮一点哦。”

※ 希望孩子觉得自己做的事情是有意义的。

1. 先让孩子们随便切。如果一开始就要规定切成方形或者圆形的话，他们会感到很紧张，他们会认为大人们是在考自己。如果给他们造成这种错觉的话，这个游戏就前功尽弃了。

2. 过一会儿再问他们：“怎么才能切成圆形呢？”

101

3. 完成2后，继续问："怎么才能切成长圆形（不要说椭圆形）呢？"

※ 在六年级的数学课上问"斜切圆柱会得到什么形状"时，很多孩子都会回答是圆形。也就是说有不少孩子不知道什么是椭圆形。

4. 完成3后，再问："要切成方形应该怎么做呢？"

形象思维训练Ⅱ（适合6～7岁的孩子）

👆 切豆腐

1. 先让孩子切成方形（这个很简单，先从简单的开始）。

2. 然后接着问："怎么才能切成三角形呢？"让孩子充分思考之后按照自己的想法切。

※ 不知道应该切掉豆腐的一角。这样切一下，那样切一下。

用切成三角或四角形的豆腐给孩子做汤吃，这是一种创意豆腐汤。

形象思维训练Ⅲ（适合7～8岁的孩子）

👆 巧用牙签和橡皮泥

把彩色橡皮泥和成指甲盖大小的球形，然后在上面插上牙签。

1. 完成以上动作之后，告诉孩子想做什么就做什么。

2. 于是他们做出了哑铃、年糕串、锹形虫等各种各样的东西。

3. 表扬他们做得好，做得漂亮。

4. 在牙签两端插上橡皮泥球做成线段，然后和孩子一起构筑多面体。

5. 做4的时候，可以先让孩子"给原始人搭房子"。然后再让他们思考"如果要在地上搭一个四方形的房子，需要多少根牙签"之类的问题（答错了也没有关系，搭完房子之后再和孩子一起数数牙签就行了）。

6. 按照这种方式，让孩子挑战一下"建造金字塔"或"盖楼"之类的任务。

让孩子亲身体验一下由点及面的过程。

7. 把孩子做好的东西用线串好，不要给他们弄坏了。孩子们很不喜欢别人把自己的东西弄坏，所以一定要给他们好好地保存起来。

※ 7～8岁正是空间思维形成的时期，跟孩子们一起玩这类游戏会很有意思。

预测能力训练（适合5岁以上～小学一、二年级的孩子）

气象台游戏

先和孩子谈论一下天气。

"最近是雨天多还是晴天多？"

"今天天气会怎么样？你来预测一下吧。"

请按照以下指示来进行为期一个月的体验。

1. 在书桌上放一个月历。

2. 根据当天的天气状况来贴贴纸。

※ 早上下雨，中午放晴，傍晚多云，晚上又下雨。这时候该怎么办呢？和孩子一起决定"是以上午为准，还是以下午为准？"多想想该怎么和孩子进行对话。

3. 一个月期间都用贴纸来表示天气。

4. 为了掌握雨天多还是晴天多，单独做一个月历表。

※ 在下方写上晴/雨/雾/阴。在左上方标上个数。

用这个表来贴贴纸。

5. 让孩子数数总数是不是有30个。

※ 对低于7～8岁的孩子来说，一个月可能会太长了点儿。这时可以把游戏周期定为一周或10天左右。

了。什么都要不落下的话，真就没法活了。

父母还要把握一个原则，那就是尽可能不要熬夜为孩子准备玩具。所以我书里介绍的大部分都是很简单或不需要准备太多玩具的游戏。我就是想让大家知道"东东妈妈可以的，我也可以"。但是不管怎么样，如果游戏让你有负担感，那就大胆地跳过去吧。

● 数学电子游戏怎么样呢？

众所周知，电子游戏不光有趣，对孩子的数学教育也很有帮助。但是如果孩子沉迷其中的话，父母该怎么办才好？说实话这个时候妈妈是可以趁机喘口气的，但是千万不要忘了一点，那就是幼年时的数学经验不是通过看或听别人做的事情就能积累起来的，而是需要亲身体验去感知的。环视四周你可以发现周围的一切，做的菜、洗的衣服、圆珠笔帽、台阶、存钱罐、指示牌等全部都充满着数学信息。你完全可以通过发掘这些资源来开展数学游戏。

● 孩子小时候，妈妈经常会给他们讲一些词语，例如大小、长短、高矮之类的。仔细想想其实这些词语中都包含着数学概念，如果能把语言和数学结合起来，那将会对孩子非常有好处。

孩子一两岁的时候，你就可以给他们讲这样的故事了。

"从前有只熊走路的时候差点踩到了蚂蚁。蚂蚁叫道（小声）：'熊啊熊，你不能踩到我啊！'但是它的声音太小了，熊根本就听不见。于是熊大声问道（大声）：'啊？你说什么？我听不见！'"

下面这个故事也很有意思。

"先戴右手。先穿左腿再穿右腿。穿右胳膊。乘车时，妈妈坐左边，东东坐右边。右车窗上贴着一张苹果的图片。我俩都只戴右手的手套。右手们想拥抱啊。"

能够经常像唱歌一样把这些话唱给孩子们听是最好不过的了。因为很多孩子到了五六岁都还分不清楚左右，所以最好像做游戏一样让他们去认识，而不是强迫他们来分辨左右。

● 说实话，我上学的时候很害怕数学。我担心孩子也会像我一样不开窍，所以多少还是有些担心。（笑道）

其实很多父母的数学都不好。但是对孩子来说，数学好的父母还不如会玩数学游戏的父母对自己更有帮助。

● 其实我并不是一个特别爱玩的妈妈，但是我们夫妻俩到40岁才有了这么一个孩子。尽管一把年纪地带孩子去动物园或是儿童游乐场感觉有点奇怪，但是我们还是玩得很疯。在一起体验各种生活时，我们经常比孩子还积极，可能是因为这些都是我们小时候没玩过的吧。

是的，要学会享受这种心情。也就是说父母也要带着童真和孩子一起玩。如果你问孩子对博物馆里的什么印象最深时，有的孩子会回答是卫生间，也有的孩子认为在休息室吃过的三明治给他的印象最深。就算只有这么一个记忆也非常重要，因为这个唯一的记忆可以吸引孩子再次来到博物馆。如果父母能转变观念，这些都是可以接受的。千万不要老想着"让孩子学习"，多让他们"尽兴地玩吧"！只有这样才能让认知游戏顺利地开展下去。

● 有没有必要让不同年龄的孩子去参观不同的博物馆呢？

其实几岁以上才能去某某博物馆的想法毫无意义。就算是同一个博物馆，只要可以分年龄提供答题纸的话，孩子们都能玩得很开心。所以即便是7岁才让孩子参观博物馆也都不迟，在这以前光带他们去玩就行了。另外，父母还要认真倾听孩子冷不丁冒出来的无厘头话语。从博物馆回来之后，一定要问问他们"觉得什么最有趣，什么印象最深刻"。总之问一个问题就好。

玩好数学游戏的要领

✎ 使用形象的语言

在做数学题的时候，很多孩子因为不理解基本概念或是题干意思而无法进行解答。在孩子小的时候，应该对他们使用形象的语言。东东就比同龄小朋友的词汇量大，但妈妈并没有对她进行过特别训练，只是在平时说话时尽量做到生动有序而已。不过这比专门的语言训练更加有效。

✎ 和孩子一起做家务

做家务的时候，孩子会不经意地接触到计划、分类、计算、测量等很多跟数学相关的事情。对那些没有时间跟孩子玩的家长来说，和孩子一起做家务是一个不错的选择。让他们叠衣服（对称）、收拾屋子（分类）、切胡萝卜（观察立体图形的旋转、对称以及横切面）、挑选合适的碗（类推及空间思维）、调火（强、中、弱的概念）等，通过这些具体的事情丰富他们的数学经验。

✎ 编歌唱

对孩子来说，歌曲有着神奇的力量。他们把唱歌看做是一种游

● 我其实也经常对妈妈们说"在一起讨论学习吧"。请您给正在学习中的妈妈们讲讲该注意些什么吧。

妈妈们在一起学习的时候，通常都能认识到自己的问题。生活本来就是问题的延续，但成败取决于你是否能聪明地解决它。越是想把孩子教育好，就越需要努力面对困难。所以妈妈们聚在一起探讨自身的问题是相当有好处的。不过这样也存在着危险。因为在没有专家的指导下，问题成堆的妈妈们很可能会互相影响，那样的话问题就会变得更严重。所以一定要谨记这点再去和别的妈妈进行交流。

戏，而且还有不错的反应。所以编一些无所谓音律节拍的歌曲给他们吧，只要能包含比较难理解的概念或是数字的歌曲就行。如果能把孩子喜欢的人或动物也编在里面的话就更棒了。

"一年有四季，春夏秋冬。一周有七天，一二三四五六日。三个苹果谁来吃？我、妈妈和爸爸。五个苹果谁来吃？我吃一个剩四个。"

唱歌不仅可以让妈妈和孩子获得内心的安宁，还会让他们感到"很愉快"。

🐾 成为有创意的父母

跟着孩子的成长轨迹走，成为有创意的妈妈其实没有想象中那么难。大部分的妈妈都知道自己的孩子到底喜欢什么，所以妈妈们很容易创造出自己的专属游戏。

🐾 和同龄人一起玩数学游戏

孩子们一起玩时，数学自然而然就成为了一种游戏。大家可以共享某个发现或共同思考某个问题，这样游戏会变得更加丰富有趣起来。每周让孩子们在一起玩一次，不仅可以减轻父母的负担，并且还可以让他们对孩子的成长更有信心。

——摘自《游戏数学》

认知专家崔老师在录制节目时，带来了一张据说在认知学界非常有名的图表（见图三）——《记忆力金字塔》（又名《学习金字塔》）。

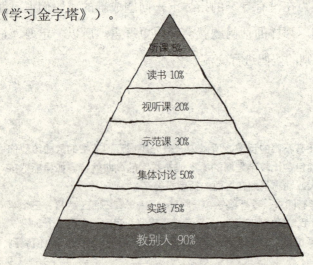

听课 5%

读书 10%

视听课 20%

示范课 30%

集体讨论 50%

实践 75%

教别人 90%

图三　记忆力金字塔

　　据专家讲：单纯的听课，学习效率不会超过5%。但视听课却达到了20%，示范课是30%，集体讨论则更高达50%。现在我们应该知道学校为什么要增大视听课的比重了吧？

　　实践可以让学习效率提升到75%。把自己知道的东西讲给别人听时，这个数字更可提升至90%。这也就是说"实践"和"教别人"才是提高学习效率的王道。大家对照此表检验一下李妈妈提倡的数学游戏以及博物馆参观的实际效果吧。

她一再强调如果想要孩子学好数学或是其他知识，就一定得先让他们觉得好玩。

那么"好玩"的具体含义是什么呢？实际上讲到好玩，没有什么能比得过电脑游戏了吧？但是我们不能把电脑游戏称为游戏，因为这种游戏很容易让人上瘾。

我们应该让孩子从小多经历一些诸如追蝴蝶、叠衣服、往杯子里倒水之类的体验。让他们自己说"我也想玩"，让他们学会把想法付诸行动。在这个过程中，家长还要给予孩子足够的赞美，要学会和他们分享情绪。父母和孩子玩得越好，孩子的成长也就越顺利。一直保持好奇心，喜欢钻研事物的孩子学习成绩肯定也差不了。

"我可以想做什么就做什么……真不错啊！"

"妈妈这次又表扬我了，她对我做的事情表示认同……好幸福啊！"

"如果我再认真一点的话……应该比以前做得更好！"

你看吧，孩子是不是越来越聪明了呢？所以说玩是有好处的，孩子会在玩的过程中越来越幸福。这一点妈妈千万不能忘。

第三章 亲身经历过才能活学活用
——寓教于乐的教育达人：李妈妈

我要学习之
李妈妈
的优点

1. 不回避自身的问题。

在和外界产生矛盾的时候，我通常都会选择去躲避或是强迫自己去接受。虽然刚开始会很难受，但是熬过去之后，我就会心安理得地把这一切归结为"理所当然"、"生活本来就是这个样子的"云云。因为只有这样我才会觉得安心。但有时这样也会有副作用，那就是总觉得心里有个疙瘩，感到很冤枉或是委屈。我是和平主义者吗？仔细一想，好像还真有那么点意思。不过这前面得加个修饰词——"散漫的"。我经常告诫自己要忍，然而一旦真觉得委屈时，也会使性子什么都不管了。所以我是"伪和平主义者"。其实自始至终我都不曾改变过什么，所以问题依然还是存在。

她正好和我相反。她是那种遇到任何问题都会坦然面对，打破沙锅问到底的人，她绝对不会刻意回避关键性问题。东东一年级的时候，她就曾因为追究班费一事而被人孤立。她是喜欢挑战"团体利益"的危险人物吗？有时看起来还真是那样。她就是想让那些成天纸上谈兵的人证明给大家看什么是团体利益，谁也别想糊弄她。她精力旺盛，你不给出合理的解释，她是绝对不会善罢甘休的。

　　没法说谁好或谁不好。我给自己和孩子创造了安定的生活，而她给予自己和孩子的却是"挑战和变化"。我俩完全不是一个类型的。但真是奇了怪了！我为什么总是很羡慕她的生活呢？

　　2. 手脑并用的实战经验。

　　她从小就积累了很多动手经验，她的数学思维应该就是在生活中形成的。东东和妈妈很像，她不仅继承了妈妈的天生气质，还从妈妈那里学到了很多生活经验。

　　如果妈妈们想让孩子们学好数学，那就赶紧把纸笔收起来，还是让孩子们增加一些动手动脑的经验吧。这种组织能力可以有效形成数学思维。除此之外，通过移动身体来获得方向感也很有必要。

　　诊断及潜能开发专家克里斯托弗·贝尔雷德博士指出：在数学思维方面，孩子的空间思维能力形成较晚，大概要到小学的时候才能形成。学龄前的孩子不能把烟囱画直也正是因为如此。不过我们还是有很多方法培养孩子的空间思维能力，比如说多让他们玩积木类的立体玩具或是球类以及堆沙子等游戏。为了让孩子们对数字更有概念，编歌来唱也是一个很好的选择。贝尔雷德认为，唱歌的时候把数字和身体动作结合起来可以进一步强化孩子的运动神经以及注意力。

　　其实他想说的就是　"一二三四五，上山打老虎"这类的儿歌以及她和东东做过的那些游戏。

李妈妈的小贴士

1. 数学基础不是通过"数学书"得来的。

   只有通过数学化的游戏体验才能打好数学基础。

2. 四则运算学得好不代表数学就好。

   虽然运算是数学的基础，但是它也可能会成为一种纯粹的体力劳动。越做题越烦的孩子学好数学的可能性也会很低。

3. 越到高年级，数学成绩和读书的关系也就越密切。

   读书多的孩子以及能听懂别人的话并表达自己想法的孩子，数学也会学得很好。

4. 平时多讲一些包含"序数"概念的话。

   "袜子在第一个抽屉里。"

   "坐到前面第二个座位上。"

   "把左边第三本童话书拿出来。"

   "从一楼往上走三层是几楼？"

5. 灵活运用博物馆答题纸。

   一张答题纸就可以让博物馆变得生动起来。

第四章

只有学好母语，才能学好英语

——英语教育达人：张妈妈

66 我觉得孩子首先应该掌握英语听说能力，所以在教她英语的时候，我采用了学母语时采用的听说读写全方位训练方式，没想到效果非常的好。我觉得即便不上辅导班，不把孩子送到国外受教育，即便妈妈一句英语不会，爸爸也没去国外研修早期教育……孩子照样可以把英语学好。 **99**

英语是我的好朋友

　　小学五年级的胜贤越来越爱学习英语了，周围的朋友们总是向她请教不理解的英语问题。比如孩子们就某个单词的拼写发生争执时，有的小朋友会说："英语老师是那么讲的！"但另外的小朋友却反驳道："不对！胜贤不是那么说的。"当然不论哪种说法，不排除其中的一方自己记错了老师或胜贤告诉他们的单词。

　　胜贤所在的学校要求她们每学完一个单元之后，就必须用英语写剧本来练习情景会话。有一次，她把这件事忘到九霄云外了。当她看到邻排同学写的东西时，才想起自己什么都没写。她立马提笔赶工，剧本转瞬即成。她把写好的东西发给同组的同学，结果一点都没误事儿。像这样的事情时有发生。她们从三年级起就开始上英语课了，而每次编剧本的任务都落在了胜贤身上。一提到英语，孩子们就会条件发射似的想到"厉害的"她。

灰姑娘

演员表：灰姑娘1（秀妍），灰姑娘2（胜贤），王子（善浩），精灵（志浩），时钟（全娥儿），马夫（范修）

灰姑娘1：	Oh...I want to go to the party.
	Help me, please.
精灵：	Hello Cinderella? I want to help you.
	Abracadabra.
	（灰姑娘1退场，灰姑娘2出场）
灰姑娘2：	Oh! It's so pretty!
马夫：	Are you ready?
灰姑娘2：	For what?
马夫：	To dance.
灰姑娘2：	Hooray! Hooray!
	（到了宴会场）
灰姑娘2：	（看着王子小声地说）Wow, he's pretty handsome.
	I wish I could dance with him.
王子：	Hello? You're not an ordinary person. Are you?
灰姑娘2：	Yes, I am. My name is Cinderella.
	（跳舞）
时钟：	咚...咚...
灰姑娘2：	What time is it?
时钟：	It's twelve o'clock.
灰姑娘2：	Oh, no! Bye!
王子：	Wai...wait! Come back!
精灵：	Hello, Cinderella? How about the dance?
灰姑娘2：	It's great. I met prince there.
精灵：	Oh, is that fun?
灰姑娘2：	Of course it's fun.
精灵：	Then, have fun forever and ever.
灰姑娘2：	Really? Thank you!
全体：	（站成一排）And they happily ever after.
	（终）

在她上小学三年级时，我们一起去了住在美国的大姨家玩。在美国的那段时间，胜贤的表现让我窃喜不已。她说了我想说的话，做了我想做的事。她不仅向当地的警察请求合影，还同公园里的老奶奶聊天。

那么她的读写能力又如何呢？对胜贤来说英语书可以分为两种。一种是可以躺着读的休闲类书，另一种是需要集中精神去读的专业类书。她说半图半文的画册读起来会很轻松，但英语小说就没那么简单了，不仅生僻词多，而且需要理顺前后关系才能读懂。

首先我们来分享一下出自"Little critter"（《小家伙故事书》，本书以图片为主，英语句子只有那么三四行）中的一段——"I just forgot"。

I didn't forget to feed the goldfish.

He just didn't look hungry. I'll do it now, Mom.

I got ready for school.

I even got to the school bus on time.

But I forgot my lunch box.

胜贤朗读完之后，马上给出了句子的解释。

我并没有忘记喂金鱼。

只不过它刚才看上去不太饿。我现在就喂它！妈妈。

我已经收拾好东西，准备去上学了。

我还赶上了校车。

但我忘了带午餐。

胜贤很清楚"…even got to the school"和"…got to the school"的区别。其实她并没有专门学过什么语法。

接下来她要解读的是"Magic tree house"的第十五卷第三页。她跟我说尽管这本书很难，她还是想挑战一下。

Jack opened his eyes.

杰克睁开了眼睛。

A thin gray light came through his window.

一道灰色的光线透过他的窗户。

His clock read 5a.m. All was quiet.

时针指向了凌晨5点。四周都是静悄悄的。

Today, we're going to ancient Ireland, he thought, back more than a thousand years.

他想："我们今天要去古岛！回到一千多年前。"

Morgan le Fay had told him that it was a very dangerous time, with Vikings raiding the coasts.

摩根奶奶跟他讲那是一个非常危险的年代，经常有海盗突袭海岸。

"You awake？" Came a whisper

"醒了吗？"耳边传来一声低语。

Annie stood in his door way.

安妮站在门口。

哈哈！她翻译得很好。事实上即便理解了英文原意，要想把句子马上翻译成韩语还是很难的。只有同时精通英语和韩语的人才可能做到。她的英语理解力能达到这个水平充分证明了她不仅英语好，韩语也相当不错。

她的英语写作能力又怎么样呢？我前面不是说了她能即兴编写英语剧本吗？另外，一有时间，她还会用英语编个漫画剧本什么的。

那么，如此热爱英语的胜贤，在她上小学之前究竟是不是真的没有出国接受过早教（又称英语幼儿园）呢？更令人惊讶的是，全韩国跟她采用同样方法学习英语的人居然多达上百人。这怎么可能呢？

打破英语教育的误区

2007年夏天，我第一次见到胜贤。她当时是韩国教育电视台"父母一小时"暑期特别节目"母亲牌英语学习法"（不接受课外教育，只在家中借助英语电影或磁带等手段练习听说读写的学习方法）的推介案例。如果只有胜贤才能做得到的话，我想她是不可能出现在电视上的。这就好比我们不能向全国的小朋友推荐天才少年宋有恩的学习方法一样。其实除了胜贤之外，还有不少人也采用了"母亲牌英语学习法"。我认为这不是某一个孩子的经验谈，而是适用于所有普通孩子的学习方法，这是胜贤能成为六个受访者之一的真正原因。

这些孩子对英语充满了自信。每当谈论与英语相关的各种话题时，他们都表现很感兴趣。"擅长做某事"固然重要，但"兴趣"绝对是重中之重。

胜贤从刚上小学那年的1月份起就开始按照"母亲牌英语学习法"学习英语，就这样坚持了3年，从未懈怠过。她的教材并不是字母表或是发声学书籍，而是通过自己喜欢的英语电影和磁带来熟悉这门语言。反复地看那些根本看不明白也听不懂的电影以及磁带，孩子奇迹般地逐渐掌握了英语会话。这跟大部分父母使用的"字母表"教育方法有着很大的区别。

据《英语教育的误区与现实》（郑炳浩，朴少镇）一书介绍，韩国英语教育存在着三个误区，即英语越早学越好、花费越贵越好、分数越高越好。

胜贤是从8岁开始正式学习英语的，这个年龄对于早教来说可以算作"高龄"了。学习时也没花多少钱，接触到的基本上就是书、电影、磁带而已，这是一种低投入教育。虽然投入少，但丝毫不影响她的学习效果，她的英语非常非常好。况且她还从未特别系统学习过语法，也没有参加过什么水平考试。仅仅就是看了一些喜爱的电影，就逐步提高了英语实力。这就是所谓的寓教于乐吧。

即便这样，韩国的父母们还是无法抵挡三个"神话"所带来的巨大冲击。这些错误观念还逐渐衍生出新的版本，什么要想学好英语，就得出国留学啦，就得参加课外辅导（培训学校、学习园地、集体讲座等）啦，总之"越早越好"！

不过胜贤家可不这样。

对课外辅导说不

"绝对不会强迫孩子参加课外辅导。"

张妈妈很早的时候就下定了决心。虽然只不过是一名普通的妈妈，但在孩子的英语教育问题上，她却有自己的一套原则和想法。那就是"一定不会强迫孩子上辅导班"。理由很简单，因为她深知"强扭的瓜不甜"！

小时候因为乐感好，她把胜贤送去学钢琴。但令人费解的是，表面上看起来很喜欢钢琴的女儿，竟然对弹琴厌恶到了极致。是不喜欢钢琴老师，还是教学方法不对？原因不得而知。反正女儿就是这种爱憎分明的性格，强迫她是起不到任何作用的。意识到这点之后，妈妈打消了让她继续学琴的念头。

她又不是不知道辅导班的孩子都是什么状态。在丈夫考虑换工作的那会儿，她就开始琢磨起将来的生计问题。最后她选择开了一家乐高玩具店，不过在硬撑了两年之后终以失败收场。她终于清醒地认识到自己根本不适合经商。不过那些经常到她店里来玩的孩子中，因为备受辅导班摧残而精神委靡的孩子倒是给她留下了深刻的记忆。

"其实我也一样。即便上了辅导班，也从来没有好好学习过。每次都只是背着书包装装样子罢了。"那一刻，她终于明白了一个道理。那就是"绝对不能强迫孩子去上辅导班，不能让孩子生活在阴影当中"。

是不是我看错了？那一瞬间，她的脸上居然平添了几分豪迈感。"在这个只要一打开门到处都是辅导班陷阱的城市，能够耐心地等待以及鼓励孩子自学的妈妈不是很难得吗？"

　　当我问她会不会因为受人瞩目而感到不自在时，她有些不好意思地说："啊，我还没那么优秀吧！我只是没让孩子被辅导班或学校给束缚住而已。况且我之前也没少在她身上做实验。"

不会紧抓着孩子，也不会烦她

在胜贤刚出生的时候，张妈妈就知道在早教英语界有一位非常有名的S妈妈。那是一位热爱并能讲一口流利英语的妈妈，但她则不然。虽然也上过大学，学了10多年英语，并且只要再努力那么一点点的话，就可以熟练地掌握英语，然而现在她也就是知道乘电梯的时候"Push the button"，上车"Get on"下车"Get off"了，再难一点的句子就不会。另外见了人也不敢张口，生怕别人笑话自己"发音蹩脚"。

她经常自责说："我可能一辈子都学不好英语了。""女儿不会也像我一样学不好英语吧？""唉！早知道有今天，当初就应该在学校好好学英语了……"这还不算什么。当她知道邻居小孩就读的外教幼儿园的学费是胜贤学费的3倍时，她平生第一次对丈夫的经济能力表示了不满（她说现在回想起来觉得当时的自己很可笑）。

在那之后，她开始带女儿出入英语书店。坐在一堆英语童话书之间时，她的内心有一种说不出的满足感。她还参加了书店的英语教育小组，不过加入之后她才发现"如果妈妈不勤快，那么什么都做不好"。

"不管多好的方法，我都会因为累而坚持不下去。我就是一个懒惰的妈妈。"她又自责道。

万般无奈之下，她只好买了五六部有趣的英语电影跟女儿

"一起看"。刚开始女儿还表现得很有兴致，但看了几次却对她说："真没劲，不看了。"这个结果让她大失所望。

"好吧！算了。"她果断地中断了让胜贤的英语学习计划，把全部精力都放在给女儿读韩语书上。这好像也正符合孩子的心意，总之女儿已经扎进韩语书籍中出不来了。无论是逛街还是去亲戚朋友家，只要不带书女儿就会觉得很空虚。见此情形，妈妈一方面感到很欣慰，另一方面又为孩子放弃英语而惋惜。

很多人都说英语要从小开始学，可实际上并没那么简单。大家也真是的，干吗要把英语说得那么简单？在尝试了各种"英语早教"方法之后，最后还是都以失败告终。那年胜贤正好6岁。

难道幼儿英语教育都会遭遇如此下场吗？那倒不尽然，其实对胜贤的英语教育也有起作用的时候。当时胜贤只有7岁，静新女士在店里看到那些整天黏在妈妈身边的孩子时，内心充满了对女儿的愧疚。她真的很想每天哪怕抽出20分钟时间投入在孩子身上。所以她一关上店门就回家，母女俩躺在床上，反复研读着那本叫做《Learn to read》的书。这时距放弃英语早教已经有两年多了（但据说另一些按照"母亲牌英语学习法"学习英语的孩子却很讨厌这本书。每个孩子的兴趣爱好都不同，所以他们喜欢的书也不一样。另外，和妈妈一起学习是否轻松愉快也是影响学习效果的重要因素）。

她本来是想先观察一下孩子的反应，然后再决定是不是要继续，但没料到胜贤似乎对此很感兴趣，学得特别认真。母女俩边玩边学，不出半年就把这本书读了一遍，之后她们就不知道该干吗了。不过她说女儿自己又津津有味地读了好几遍。现在看来，先培养母语能力再接触英语是正确的选择。那段时间，胜贤似乎成了一个彻头彻尾的书虫，她徜徉在知识的海洋里，品尝着读书带来的喜悦。这一切也提升了胜贤对英语电影的分析以及理解能力。

⬤ 我所遇到的英语学习方法

　　我惊讶地发现周围有很多不进行课外辅导，仅仅在家中教孩子英语的父母。在胜贤上小学前的那年冬天，妈妈在家里自学了英语学习三法，即《J家的英语学习法》、《W妈妈的一年级英语学习法》，以及《母亲牌英语学习法》。在仔细对比了三种方法之后，我发现这些方法虽然整体很接近，但还是会有很多不同之处。

　　《J家的英语学习法》是从网上搜到的，当时胜贤还只有2岁。因为觉得日后可能有用，所以把它收藏了下来。待孩子6岁时，我再访问那个网站时发现它已经改成收费的了。就像在看减肥广告时告诉你"能减下来15公斤"一样，上面只展示了一些效果显著的例子而已。有些妈妈看过这些成功的案例之后，一方面给自己打气说"我也行的"，另一方面却在怀疑"真的会成功吗"。因为我不能接受10多万韩币的年费要一次性付清的机制，所以最终还是没有注册。

　　《J家的英语学习法》和《母亲牌英语学习法》虽然很相似，但仔细看的话还是有区别。前者是一种要求在听说读写四门功课上同时发力的均衡式学习法，而后者则是先将重点放在听力上，继而再转向说、读、写的渐进式学习法。

　　张妈妈比较倾向于后者。作者松光妈妈让读者思考一下幼儿是如何学习语言的。刚开始是专注地听声音，之后是牙牙学语，最后才是读和写。刚刚接触英语的孩子们也好比婴儿一般，需要先从听力入手，然后才是说、读、写。在这一点上，她和松光妈妈观点完全一致。

松光妈妈的方法主要是鼓励和引导孩子积极主动地去学习英语，但有些网站却主张给孩子下定额任务，例如要读一百本或一千本的书，甚至还要比谁读得更多。松光妈妈的网站公告栏上坚决反对这种做法。特别是像胜贤这样的孩子，越是强迫她去做越会让她反感。所以《母亲牌英语学习法》完胜，《J家的英语学习法》被淘汰。

还有一个就是《W妈妈的一年级英语学习法》。

《W妈妈的一年级英语学习法》要求妈妈做的事情比较多，对我来说可能难以承受，^^因为妈妈要一直引导孩子。《母亲牌英语学习法》当然也要求妈妈作一些准备。虽然要一直为孩子准备录像带、磁带，还要观察他们的兴趣爱好，但毕竟不需要像老师一样那么累。然而，W妈妈的英语学习方法要求妈妈一起参与的部分太多，并且妈妈还需要具备老师那样的水准。所以我想这个可能不适合我，其他妈妈也应该会如此吧。没有任何负担，不必总是和孩子一起做什么会更好……（呵呵）所谓正确的教育不就是给孩子主导权，相信孩子吗？不是这样吗？

"好啊，好啊！"

2005年的春天，在小胜贤即将要上学之前，妈妈和她进行了一次对话。

"想学好英语吗？"

"嗯。"

"小朋友们都去上辅导班，你也想去吗？"

"不！一点都不想。"

"为什么？"

"小朋友们都说上辅导班要学习很多很多东西，有时还会遇到凶巴巴的老师。我还是喜欢在家里学习，这样很舒服。"

"那先照妈妈的方法试一下吧？"

"什么？"

"想学好英语，首先需要多听。从现在开始，你得看一些英语电影。就从你喜欢的动画片开始吧！怎么样？"

"行，那就试试吧。"

"省下去辅导班的钱，咱们以后去旅行。"

"好啊，好啊！"

首先需要征得孩子的同意。因为无论妈妈觉得自己的决定是如何正确，没有孩子的配合也是无济于事。要让孩子自己说出"同意"这两个字。那之后，我加入了母亲牌英语学习法的网上论坛，因为我预感到一个人是不可能走好这条路的。

在孩子接触英语电影、磁带的第一年里，表面上可能看不出任何效果，因为孩子需要足够的时间才能适应某种声音。这段时间里，妈妈一定要少安毋躁。

她每天都坚持与论坛上的妈妈们进行交流，探讨一些各自关心的话题。大家互相安慰以及鼓励，相约"一起坚持到底"，这正是她加入论坛的原因。

通过论坛沟通，不安的情绪逐渐消失了，心情也开始变得平和起来。论坛上的帖子给了我很大的帮助。读别人的经验不仅可以让我产生共鸣，还可以让我及时地进行调整以及自我反省。其他人也有跟我同样的苦恼，每当看到她们的解压帖时，我都会感同深受。我要向她们学习，以一种平和的心态耐心地等待孩子的成长与进步。

投身英语早教"江湖"之中的她就像背负着"武艺之刃"的武士一样，历尽磨难之后终于练就了一把"母亲之刃"。不仅如此，在与孩子的关系方面，她也抓住了"主动脉"。但是这一切与她在之后的3年多里通过母亲牌英语学习论坛上收获的知识相比就是小巫见大巫了。

"学习英语需要孩子自己下决心才行，当妈妈的再怎么着急也没用。认识到这一点就是一个收获。"她说。

上论坛的好处

- ➤ 可以了解母亲牌英语学习法的内容及流程。

- ➤ 和同道的妈妈们相互支持、相互鼓励，消除内心的矛盾和不安。

- ➤ 通过了解其他孩子的情况，判断自己的孩子处于什么阶段。

- ➤ 有时可以就孩子的现阶段状态问题向前辈们咨询请教。

- ➤ 不光是英语教学，还可以求得一些其他类型的实用育儿信息，比如说怎么应对游戏上瘾的孩子，数学或其他科目的学习要领等。

胜贤在正驾驶席，妈妈在副驾驶席

2005年1月，胜贤坐在正驾驶席上，妈妈坐在副驾驶席上启动了"母亲牌英语学习法"这辆"车"。松光妈妈原本建议在孩子较为熟练掌握母语的三至四年级时才使用这种学习方法，但胜贤从一年级就开始了。也就是松光家是以高年级学生为对象来实践的，而胜贤家是以低年级学生为对象的。

在常人看来，从低年级开始学习英语似乎比高年级更为有利，但这仅仅是想当然而已。其实这个命题需要一个前提条件，那就是需要孩子像胜贤一样在幼儿时期就读过数千本的国语书籍，语言能力在普通一年级小孩之上才有可能。事实上，胜贤的语言认知能力要比同龄小朋友们高出许多。

近年来，这样的孩子着实不少。虽然读过很多书，认知能力也比一般人高，但心理年龄还是个孩子。所以我们在介绍胜贤妈妈的英语学习方法之前，希望大家始终记住一点，那就是胜贤的母语水平是高于同龄人的，她从小就读了很多书。

● 我想让孩子在家自学英语，应该先让他看什么好呢？

刚从剧场或音像店租来《海底总动员》、《狮子王》、《鲨鱼黑帮》、《冰河世纪》、《怪物公司》、《星际宝贝》等电影给胜贤看时，她就坚持不看韩文字幕。因为这些电影的画面本身就足够吸引人了。另外，像《蒂莫西上学记》那样讲述和自己的情况差不多故事的动画片也让女儿看得如痴如醉。

另外《海绵宝宝》、《亚瑟历险记》、《魔法校车》等，她也很喜欢，不过别的孩子差不多也都喜欢这些。我认为家长在进行英语早教的时候，最好的方法就是给孩子看原声动画片，因为这样相对来说比较轻松。每天看2~3段，每段20~25分钟就足够了。

● 即便听不懂，看英语电影也还是需要遮住字幕，集中精神去看吗？

不一定啊！（笑道）能集中精神固然很好，但那只不过是妈妈自己想要的效果而已。哪个孩子会喜欢看听不懂的电影？据说高年级的孩子因为有自控能力，所以即便是听不懂，他们也可以一直看下去。这也是松光妈妈建议孩子上了三、四年级以后再按照她的方法学习的原因。但如果像我一样，教育的对象是低年级孩子的话，就需要留心观察孩子的反应，以免他会丧失学习的兴趣和动力。

● 有什么好方法可以让孩子保持学习英语的热情吗？

刚开始接触英语电影时，妈妈最好跟着一起看。这样孩子以后再看的概率就会大大提高。虽然不能次次如此，但只要你们一起看电影的话，你就需要装作兴高采烈的样子。给孩子弄些爆米花，营造一种剧场氛围也是很重要的，这样她就不会感到无聊。（笑道）如果孩子真的听不懂，或者觉得没意思的话，我会跟她大致描述一下故事情节等内容。

● 啊！那是说跟孩子讲故事情节就行了吗？

不是给孩子详细解释，只是跟他说说故事梗概就行了。网上不是有那种介绍剧情的吗？DVD或者录像带封底也有类似的内

133

容。像这样孩子事先对故事有个大致了解的话，那么他们即便是只看画面也能猜得出："啊！这就是那个部分吧。没错，好像是！"

● 我不太能理解为什么孩子看听不懂的电影也可以帮助他提高英语能力。

孩子和大人不同，即使只看画面也没有问题。他们看到搞笑的场面就会跟着一起笑，可以一点点地融入故事中去。刚开始可能会理解错误，但反复地观看之后，他们会逐步理解剧情，最后还会跟妈妈说："以前我还以为是那样的故事呢，原来不是啊！"

其实孩子看的电影基本上没什么差别，大部分都简单易懂，所以即便接触不同的电影也没问题，因为之前听过的句子会再次出现。这样他们就可以不断接触到各种类型的对话，并且通过对比分析，还会知道"原来那句话是这个意思啊"。这样他们的英语知识就会像滚雪球一样越积累越多。不过有时候孩子也会犯错，比如说刚开始的时候以为是自己知道的那个意思，但听完之后却发现不是。不过正是这种反复思考的过程，才能让他们慢慢掌握正确的使用方法。

■ 在制作"母亲牌英语学习法"这档节目的时候，我对当时作为交流学者去加拿大的语言学家朴民奎进行了一次电话采访。针对我的疑问朴教授作出了明确的回答。他说人的大脑在听到外国话时，会有一种自动理解的机能，但这种机能只存在于两三岁到十二三岁的孩子身上。因此，如果孩子不断地接受外语信息的话，就会逐渐理解其声音含义。遗憾的是这种机能会像生长荷尔蒙一样，在孩子长大成人之后就立即消失。所以成年人不管怎么看英语电影也很难听进去，但孩子却可以办到。但孩子是要在声音和画面共同作用下才能学进去的。如果只有声音，也不太能理解是什么意思。

● 会不会有时也不想看电影呢？

胜贤是从一开始就看得很起劲的那种类型。因为我平时基本不看电视，所以也很少给孩子时间看。虽然后来为了要学英语才打开了电视，而且看的都还是英语类节目，但见到她学得很认真我已经感到很欣慰了。想要按照母亲牌英语学习法进行教育的话，首先应该从"限制看电视"或"禁止看电视"开始。只有将这个贯彻好了，才能顺利开展看英语电影的事情。

帮助孩子集中精力看电影的方法

- 在拆开电影盘的包装时，告诉孩子里面讲的是什么内容。
- 开始播放的时候，尽量坐在孩子旁边一起观看。
- 观影过程中适时表达一些情绪，诸如"真有意思"、"好神奇啊"、"那是什么"等。
- 如果孩子真的听不懂，觉得没意思的话，跟他们大致描述一下故事情节。
- 给孩子准备好吃的点心和零食，这样会提高他们看电影的兴趣。
- 如果孩子想看，就让他们自己选择要看的内容。
- 如果选择权都在妈妈手上，那孩子会认为自己在履行某种义务。

第四章　只有学好母语，才能学好英语
—— 英语教育达人：张妈妈

另外，因为没有把她送进辅导班，所以她才能无忧无虑地窝在沙发上看电影【胜贤除了去培训学校练习跆拳道，以及每周参加一次洞（韩国行政单位）事务所举办的绘画活动之外，其余的时间都是在家里度过的，所以大多数时候都很无聊】。

偶尔孩子也会产生厌倦感，那我就暂时不让她看。虽然每学期都有那么几次这种情况，但假期在家时还是看得相当认真的。因为无事可做，所以即使电影很无聊，也会坚持看下去。

● 一天让孩子看多久的电影？

刚开始的一年时间里，每天都让孩子看一部电影。犯这个错误完全是因为我不懂方法又急功近利造成的。其实刚开始的第一年里，应该每2~3天看一部才对，让孩子逐渐适应这种学习方法。这是我从论坛上妈妈们的帖子中获得的知识。

看电影之前，应该做的几件事情

👆简单地规划一下孩子的课后日程，尽可能减少或干脆放弃其他课外教育。

👆平时喜欢看电视的孩子很难投入到英语学习中去。所以如果很难做到"不让看电视"，那就先让他们"有选择地"、"有节制地"看，养成这种收视习惯就好。

👆电脑游戏也不例外。首先要培养孩子的节制能力。

👆父母首先要起带头作用，尽量少接触电视和电脑。

如果我没跟人交流过的话，我估计到现在我还是奢望孩子能在一到两年时间内学好英语。也许那样做的话胜贤的英语能力会比现在更好，但她也可能不会像现在这么喜欢英语了。

● 每天都看新电影，还是只看同一部电影？

如果我对孩子说"挑你喜欢的看吧"，她一定会拿出昨天刚看过的电影给我。就像小时候给她读书听时一样，只要我说"想听什么就选什么吧"，她每次都是拿的同一本书。开始时一部电影会看10多天，最多15天。但每重复看一次，趣味度也会跟着降低，所以我觉得看什么内容还是由孩子自己来决定比较好。

● 每天只看一部英文电影就够了吗？

不是的。看完电影之后，在孩子玩、画画或看课外书等的自由时间里，还可以穿插着让他们听一些英语童谣。因为都是些歌曲，所以我想孩子不至于会很反感。另外，在孩子洗澡的时候还可以给他们听一些讲故事的磁带（因为他们不喜欢一个人洗澡）。不过浴室湿气太重，为此我还损失了一盘磁带呢。（笑道）

● 如何引导孩子阅读？

虽然书架上有英文童话书，但我从来没有强迫她去看。难道就任凭她这3年的时间里想看就看，不想看就扔到一边吗？这样的话提高英语能力岂不是要花更久的时间？这一点都不像是在学习。在我看来边听边看是最好的方式，但孩子却非常不喜欢。"绝不勉强孩子做她不愿意做的事情"不是我的原则吗？

看电影学英语

📢 开始的6个月至1年时间

每个孩子的承受能力不同。

所以要让孩子静下心来慢慢看，以免他们会厌烦。每2～3天看一部。

📢 正式开始学习时

每天让孩子看1小时～1小时30分钟他们喜欢的动画片或是电影。

听磁带

📢 第一阶段

首先应该从让人感到愉悦的英语童谣开始听起。每天30分钟～1小时，穿插在孩子的自由时间里就可以了。

📢 第二阶段

听动画片的英语原声带，或者把孩子喜欢的电影用磁带录下来。每天让孩子听30分钟～1小时。

📢 正式开始学习时

将录像带/磁带的量合二为一，通过听和看的方式，让孩子每天有3小时的时间接触英语。

（这里提醒家长注意，对婴幼儿绝对不可以采用此种方式，因为这有可能会导致孩子上瘾。）

胜贤在学习之初听过的童谣

📢 Wee Sing系列，例如Wee Sing for Halloween、Wee Sing for Christmas、Wee Sing for Baby等。

📢 儿童英语单词图典里附带的音乐CD

（CD里包含了单词说明以及用单词编成的童谣、曲子等。我把其中的说明部分给去掉了，只保留了童谣、曲子，然后经常放给女儿听。）

所以我便不再要求她"同步练习听力"，随便她想看什么就看什么。事实上，每当我看到孩子读得比较快时，就会再买一些英文书回来。不过有时候她会不看，这让我有点小失望。其实我知道并不是我买多少，孩子就会读多少。所以我每次都劝自己要知足："她这样已经算很不错了，还奢望什么呢？"

● 如何引导孩子写作？

写作能力是在乱写乱画中提高的。例如在她涂鸦之后，无论画得好还是不好，我都会在旁边加上注释。当然，很多时候她都是写得一塌糊涂，不光语法不对，拼写也是错误百出，有时还会出现英韩文混用的情况。最早的时候，她甚至连"S"也给写反了。不过我什么都没说，随便她写咯。我想孩子应该会一点点改正过来吧。就像我们刚学写字那会儿不也会经常出错吗？

● 是不是看了很多电影，就能写出很好的漫画剧本？是不是积累的词汇越多，就越容易出口成章？

我在孩子的英语学习过程中认识到一点，那就是家长需要用耐心来"等待"孩子的成长。这个我也做得不太好，所以最好能在孩子面前尽量表现得慈爱、宽容一些。"等待"就让自己来承受吧。（笑道）不过压抑久了也会被孩子发现我们内心的焦躁。因为妈妈不是圣人，偶尔也会失态。

● 母亲牌英语学习法要求先"听说"，后"读写"。可胜贤的"读写"能力相当不错，一点也不逊色于"听说"能力。这其中有什么秘诀吗？

每个孩子对于声音的反应都不尽相同。

幼儿期阅读母语类书籍的经历不仅对于日后阅读英文类书籍会有很大的帮助，对那些喜欢文字符号的孩子来说，还可以影响他们的素质和兴趣爱好。事实上，与视听量相比，孩子的英文书阅读量可谓是少得可怜。所以我也觉得很纳闷，为什么孩子的阅读能力会进步得如此神速。我想可能是因为之前阅读过大量母语类书籍的缘故吧！

写作的情况大为不同，即使孩子用英语乱写一气，我也很高兴，因为这会给她带来积极的影响。学习越是困难，越不能强迫孩子做这做那的。如果非要尝试一下的话，那也必须在孩子接受的范围内进行。

● 从开始到现在，花了多长时间才让胜贤的英语水平提高的呢？

胜贤是一个善于表达的孩子。她很有主见，能够清晰地向别人表达自己的想法。所以相比而言，她的内心很容易被解读。在她很小的时候，无论你为她做什么，她都是一声不吭。所以我总是不知道"该如何是好"。不过上小学之后，她的语言能力有了显著提高，偶尔还会冒出一两句英文回答。每每此时，我都会幻想"要是一直这样下去就好了"。

小学一年级的时候，胜贤还用蹩脚的英语写过信，当然从头至尾都是拼写错误。不过能写作已经很不错了，所以尽管写得很差劲，我还是表扬了她。不过偶尔她也会做错事写检讨，她在写检讨的时候一定英韩文混着用。我是那种一旦发火之后，就会蒙头大睡的人。而胜贤呢，就乖乖地在自己的房间里写检讨。这是我们之间的一种"战争"。事后孩子跟我说：

"妈妈就那么喜欢我用英文吗？我一写，你就很开心……"看来我把什么都写在脸上了。（笑道）

● 才上小学一年级就会写英语信了，那一年之后是不是更厉害了呢？

哦，不是，不是那样的。我本以为集中一年的时间让孩子练习听力，她就可以流利地进行英语对话了。但我没想到的是她居然花了很长的时间才到达听懂的程度，而且就算是听懂了，也不能马上表达出自己的意思来。更让我始料未及的是这么一个刻苦学习英语的孩子，在二年级秋天参加坡州英语夏令营的时候却没有发挥出应有的水平。还有一次是和奶奶出国玩时，入境检查不是会问几句话吗？我原以为这难不倒她，结果她躲在我旁边一句话都不敢说。那一刻，我突然觉得很难受。妈妈也知道我没把孩子送去辅导班学习，只是在家里教她……唉！真是惭愧啊！

张妈妈的英文学习原则

🖐 首先（用视频材料）充分练习听力。

🖐 不强迫孩子读写。

🖐 不对学习进行定量安排。

🖐 只要是孩子进行了读、写、看，就要予以微笑和表扬。

第四章　只有学好母语，才能学好英语
——英语教育达人：张妈妈

能够相对轻松地表达自己的意思，并能听懂别人的话是在第三年了，也就是她三年级去美国旅行的时候。这么算来，从开始学习到能听懂能说总共花了3年的时间。

■ 啊……这么看来，在说英文的时候，孩子的心理年龄也很重要。从低年级刚开始学习的胜贤，无论是社会经历还是心理年龄都只有八九岁而已，因此她会特别腼腆地来面对对话。

在高年级时开始按照"母亲牌英语学习法"学习的孩子中，也有一部分人仅用了一年或一年半的时间就能熟练掌握英语了。我们可以比较一下一二年级的孩子和四五年级的孩子在大人面前的表现有何不同。"松光妈妈"李南秀女士总是强调："如果用母语都说不到三句话的话，那么用英语也一样。"

英语教育也要考虑孩子的心理年龄。这是家长最容易忽略的一点，还有就是实际年龄。例如，五六岁的孩子只可能说出五六岁水平的英语。看到那些为了孩子的语言能力而不惜投入大量金钱的父母，我感到很难过。时机还未到，着什么急呢？

● 胜贤的语音语调为何如此地道？

多看英文电影，重复自己喜爱的角色或者场景的对白，哼唱其中的歌曲，还有就是捧着简单的英文书大声朗读。在这个过程中，她的语音语调自然而然地就标准了起来。胜贤的韩语不错，如今又可以说得一口较为地道的英语，这全都是母语基础打得好的原因。

■ 张妈妈最近给胜贤找了更好的英语学习方法，那就是通过电话与以英语为母语的人进行交流。

● 最近胜贤是怎么学习英语的？

她一直都是一边看喜爱的英文动画片，一边熟悉英文的，所以并不觉得学习英语有多么枯燥乏味。这算是一个不小的收获吧。

最近她还每周与菲律宾当地进行五次电话访问式的英语学习。最初每周只联系两次，不过胜贤觉得这样很好玩，所以又增加了几次。到现在为止已经坚持9个月时间了。这是一种提供与指定教材内容相关服务的英语辅导教学。例如，以胜贤的英文名字"LUCY"为例，让孩子按照不同的拼写顺序去记忆。这样孩子记住的就不是一个单词，而是五六个单词了。老师的会话课题太有趣了，孩子的学习热情空前高涨。胜贤似乎非常满意这种愉快有趣的学习方法。通过这种方法，她的英语水平有了显著提高。

● 母亲牌英语学习法说：与英语母语国家的人通话也是一种可以尝试的方法。

英语国家的老师经常会纠正孩子的发音，指出孩子什么地方说错了。但是我觉得对初学英语也就是刚刚萌发出一些学习兴趣的孩子来说，经常性地"指出"并不太妥。例如，胜贤最初经常在动词时态方面出错，老师就指正过好几次。后来我仔细观察她的反应，发现她并没有表现出吃力，也没有排斥的心理，这真是让人值得庆幸的事情。更令人高兴的是，老师也不再纠正孩子，而是和她开始愉快地对话，胜贤对此非常着迷。她和老师很谈得来，她总是耐心地等待着电话的到来，每次都是超额完成老师布置的作业。就这样，孩子近乎完美地坚持了下来。"喜欢就做，不喜欢也不勉强"一向是我的原则。

■ 依靠课外教育学习英语的孩子，在英语能力显著提高之前，往往很没有信心，会很怯生。在大部分的课外辅导场所，孩子的喜好其实并不被重视，因为提高成绩才是他们的首要课题。就现实而言，这也许是理所当然的事情，否则，妈妈们会质疑他们"是干什么吃的"。

我们为什么会觉得孩子们的"兴趣"、"爱好"可笑？为什么对他们的好恶置若罔闻？然而在孩子很小的时候却不这样。刚会说话的时候，妈妈并没有因为孩子的语言含混不清，就责怪他们说得不好，相反都很有耐心地鼓励他们说话。孩子的每一句话都让我们欢欣鼓舞。学习英语也应该有这样的态度吧？

在坚实的母语基础上构筑英语的"城墙"

胜贤喜欢读书。翻看她幼年时期的照片，背景中十有八九都会出现书的影子。逛街的时候，去亲戚家串门的时候，去妈妈朋友家玩的时候，无论何时何地，她的腋下总是夹着一本书。幸亏孩子在幼儿时期阅读了大量的母语书籍，否则她的母语不可能说得这么好。优秀的母语能力对学习英文来说也是一笔巨大的财富。在看那些听不太懂的英文电影时，孩子可以凭借想象分析情节，不过这种想象力也需要比其他人更为卓越才行。

胜贤对读书的热爱也延伸到了英文书上。这不仅是因为她喜欢文字符号的缘故，也得益于妈妈一直以来为培养女儿的读书欲所作的不懈努力。这就是所谓的才能与后盾的综合效应。

虽然她一直认为英语早教应当适量，但在读书方面，却是格外的坚持。从胜贤差不多9个月时起，她就开始给女儿读书听。待稍微大一些时，她就带着孩子去小区的图书馆借书，能借多少就借多少。她还去书店挑选好看的书买给孩子，当认定需要某套书的全集时也会毫不吝啬地买回家。

她还经常去逛网上二手书店。因为家里只有这么一个孩子，所以也没必要将这些书留给谁看。要等到孩子看完全集，就不知何年何月了，因此并不指望孩子全部读完。大概看到70%的时候，如果觉得以后也不会再看了，就索性转手卖掉。另外通过网络二手书店，还可以买回既干净又低价的单册书籍。

胜贤房间总是堆满了书籍。数量繁多的书籍通过经济的循环方式不断地登场和退场。当然，如果是母女俩都喜欢的书，她会单独进行收藏。选书的时候，她会参考获奖图书目录来挑，但一定要在书店里对书的状态、色彩、文字、内容等进行一一确认，判断孩子是否会喜欢之后才决定买不买。如果看看那些因为母女俩共同喜欢而收藏的图书目录，你会发现其实很多都不是名著。

　　是否有趣、有个性才是胜贤和妈妈的图书收藏标准。名著或获得过大奖的书籍，很抱歉，在这里一点用处也没有。最重要的评判标准就是母女俩的兴趣和价值取向。像她们这样将"兴趣"看得如此重要的人，我还是第一次见到。

　　然而仔细想一下，你会发现她们是对的。在21世纪，与其去培养一个"比别人出色的孩子"，不如培养一个与众不同的"独一无二的孩子"。21世纪的教育热点话题是是否能够"感兴趣地"、"能动地"去做"困难的事情"。不是成为"Best one"，而是成为"Only one"。所以一定要清楚自己喜欢什么、擅长什么。目光要放得长远一些，寻找自己感兴趣的事情，并坚持做下去，这样才能具备竞争力。

　　与别人的竞争是永无止境的。如果学习是为了进入比别人更好的大学，比别人吃得好、活得好的话，那么一定会很辛苦。教育政策一变化，就会有人跟不上。但如果学习是为了自身的成长与发展的话，即便由于教育政策改变没能考入大学，至少不会让自己误入歧途。刚开始的时候，我也是抱着让孩子学好英语、取得好成绩的心情出发的。但是三四年后的某一天突然回想起时，发现不论是孩子还是我都有了长足的进步，而这才是最重要的。相信孩子的潜力，给他们足够的成长时间和空间，你将会有很多感悟。这似乎才是最强大的学习方法。不管这个世界如何变，我们只要培养应对这种变化的可能性和潜力即可。

在采访胜贤妈妈的时候，我想起了在学习动机领域研究颇深的著名学者狄波拉·史提皮克说过的话：

"父母这份工作与其说是一门科学，不如说是一门艺术。大家都必须靠自己去摸索什么是对自己的孩子最好的，希望孩子不会被自己所提出的策略压倒。只要做到尊重孩子的自发性这一点就足够了。"

胜贤和妈妈最喜欢读的12本韩国图画书

《五个气球》 米莉亚姆·洛特 著，霍拉 图 Ramdom House Korea出版社

五个孩子拿着五个气球开心地玩着，如果这五个气球都破了，孩子们会因为舍不得而号啕大哭。可是，书中却写道"气球原本就是破的"。这是一本珍贵的书，告诉大家世事皆有无奈，该放手时就得放手。

《那是我的马甲》 中江良夫 著，上野酒井法子 图 飞龙沼出版社

动物们都很想穿一次小家鼠的马甲，嘴里不住地说着"就借给我一次吧，我可以穿穿吗？"插图也很诙谐，细致入微地表达了孩子的心情。本书的主旨在于唤醒大家学会分享，体验分享带来的喜悦。

《离家出走吧 蜜蜜蜜》 柳生真知子 著/图 熊津朱尼尔出版社

三只小猪遭到了妈妈训斥，就决定离家出走。他们在村子里转悠了一圈，回来说"咱们三个一起过吧"。于是他们在院子里搭起了帐篷，并吃光了带出来的所有食物。天色渐渐暗了下来，妈妈一召唤他们，他们就马上都奔了回去。一进家门，他们感慨道："还是家里舒服啊！"

《玛德琳卡的狗》 彼得·西斯 著/图 Better Book出版社

玛德琳卡非常想养一只狗，于是他总是带着一根看不见的绳子，从而在村子里大人们的脑海中留下了关于狗的记忆。该书以美丽的插画以及孩子丰富的想象力而闻名。

《无论怎样，妈妈都爱你》 伊恩·福克 著/图 中央出版社（中央媒体）

这是一本教你如何了解孩子内心世界的书。位于黑白底色上的红色是那么的强烈而又单纯，具有捕获心灵的魅力。无论孩子怎么任性，怎么让人操心，只要看到孩子熟睡的脸庞，都会觉得他们很可爱。这本书就是这样令人爱不释手。

《到底那段时间发生了什么事情？》 李浩白 著/图 Jaimimage出版社

本书讲的是一只养在阳台上的兔子在主人出门之后，就会像人一

样做自己想做的事情，等主人回来的时候，又像什么事情都没发生过一样地重新回到阳台的故事。在兔子经过的每一个地方寻找它留下来的黑色便便也是本书的一个特色。

《本杰明·巴顿奇事》 朱迪·巴雷特 著，朗·巴雷特 图 未来儿童出版社

这是一本妈妈更爱看的书。每个人都在珍藏打开礼物包装时的那份激动心情。本杰明每天都把家里的东西一件一件地包起来，再送给自己。这让我想起了小时候打开礼物包装时，内心的那种激动。

《River bend村庄奇怪的一天》 克里斯·凡·艾斯伯格 著/图 文化社团出版社

该书的封面是用黑线在白纸上作的一幅画。翻开书就能感觉到图画本身已经延展到了故事之中。这是一本打破现实与童话之间的界限，讲述往来于假想空间的书。极具冲击力的反转结局，让人叹为观止。

《木头疙瘩游泳》 安·特恩布尔著，艾·奇切斯特·克拉克 图 Marubol 出版社

这是将诺亚方舟童话化的一本书。主人公不是诺亚，而是一个木头疙瘩。本书讲述了因为睡觉没来得及乘上方舟的木头疙瘩，费尽心思帮助其它动物登船的故事。读完其它动物打机关枪似的对话之后，再来看看木头疙瘩慢吞吞的台词，会让小朋友们开怀大笑。

《噼噼 啪啪 哞！ 奶牛在写信呢》 朵琳·克罗宁 著，贝西·赖文 图 Ramdom House Korea出版社

打字的奶牛们。这本书讲述了聪明的奶牛们如何将自己的想法写成了信交给主人的故事。

《小丑娃娃》 麦克·安迪 著，洛斯维查 图 Si gong junior出版社

小丑娃娃的特长是什么？那就是逗大家笑了。本书的每一页都让人忍俊不禁。母亲饱含情感地为女儿读这本书，母女俩咯咯地笑个不停。如果母亲读得生动，那么书的味道一下子就流露出来了。

《仙人掌旅馆》 布兰达·古柏森 著，洛依德 图 Marubol出版社

本书描述了一生为许多生物提供家园的傻瓜仙人掌的生态图书。通过本书，你可以自然地了解到一些有关生命的科学信息。就像"无私奉献的树木"一样，只需看上一眼，便令人肃然起敬。

第四章 只有学好母语，才能学好英语
—— 英语教育达人：张妈妈

1. 做一个妈妈力所能及的事情。

谁都有初为人母的时候。1998年，27岁的张妈妈生下了女儿。虽然成为一位妈妈了，可实际上还只不过是一个20几岁的妙龄女郎而已。怀揣着大学生的心态，一边却要紧抱着孩子，成天不是给孩子喂奶、穿衣服、洗澡，就是哄她睡觉、带她到小区里散步等。这种生活的无聊程度可见一斑。

"我被琐碎的生活给吞没了，在一个遥远的地方独自散发着光芒。如果因为这样问我是不是感觉轻松的话，我的回答是：吃饭、收拾、洗衣、照看孩子这些枯燥无味的日常生活已经把我压得喘不过气来。我经常忙得没时间吃午饭，或者随便吃点方便面凑合一下。"

就在身体忙碌，而内心却感到空虚之际，一些培训学校的老师和推销员们敲门到访。他们热情地告诉她"孩子应该如何如何教育"等。产后9个月，胜贤开始接受婴幼儿早期教育课程。有一天，妈妈过来不禁怒斥她"发什么神经病"。虽然她嘴上辩解说"妈妈您带孩子的那个时代和我们现在不同了"，但后脑勺上仿佛被人重重地敲了一下。

听了妈妈的话之后她想了很长时间，她发现其实老师也没做什么特别的事情。只要下定决心，这些事自己完全都能做到。从那之后，她开始留心地看老师是怎么上课的了，不久之后便主动停止了课程。虽然还不能像老师那么熟练，但也掌握了如何更好地陪孩子玩等一些要领。

事实上由于产后后遗症，她的泌尿系统不是很好，晚上不能保证充足的睡眠，每晚至少要上三四回洗手间，白天也经常迷糊。所以她无法像早教老师那样认真娴熟地陪孩子玩耍，为此她一直对女儿心存愧疚。但是妈妈已经尽了力。她的付出"程度"已经是孩子最为理想的早期刺激了。

2. 犹如神明一般了解孩子的心思。

小儿精神科的卢京宣博士在《教育孩子》一书中特别强调了父母在抚养孩子时所必须具备的基本态度，即"敏感性、响应度、一贯性"。"敏感性"就是要细致入微地察觉孩子喜欢什么、讨厌什么。敏感性决定了爱的框架，父母对孩子的反应越是敏感，反过来孩子对父母的爱就越深。

"响应度"是指不停留在敏感观察的层面上，要用实际行动予以响应。父母的爱会影响行动和提供帮助的方式。卢京宣博士强调在孩子12个月之前，要无条件地满足孩子的各种要求，之后为孩子选择最好的方法。但是选择应该在与孩子商量的前提下进行，这样，孩子才能充分地理解并接受父母的各种举动。

"一贯性"就是在察觉孩子的心情或者想法之后，能以行动作出反应，并始终坚持的意思。事实上，父母不可能随时对孩子保持一贯性。因此，卢京宣博士表示至少应该努力做到60%以上的一贯性。

也就是说父母在理解、相信、支持孩子的过程中，要让孩子感觉受到良好的待遇。因为这种满足感可以给孩子本身以及他的人际关系发展带来积极的影响。如此看来，张静新女士也在一直在坚持敏感性、响应度和一贯性原则。因为胜贤最常说的一句话就是："妈妈好像神一样知道我在想什么。"

妈妈好像神一样，不知道她为什么会如此了解我的心思，这让我很吃惊。难道我把想说的话都写在脸上了？（笑道）妈妈总是尊重我的想法，不让我做自己讨厌的事情。她总是耐心地等待，等待我可以凭自己的力量克服困难为止。我想吃什么，妈妈就会给我做什么。

像所有年轻的妈妈一样，胜贤的妈妈其实内心里也会对早期教育抱有一种希望。但当孩子不喜欢或者拒绝的时候，就一定会按照孩子的意思做。她最擅长做的事就是——孩子讨厌什么，她就立马帮她清理掉，同时不会流露出一丝舍不得的情绪。抚养孩子的时候，应该把"孩子的想法"放在首要位置。这方面她做得很出色。

她很清楚作为独生女胜贤非常不喜欢一个人待在家。所以在孩子假期的时候，她就暂时放弃了上午去健身房的计划，留在家陪孩子。她不会一边抱怨孩子说"都这么大了还害怕什么啊？"一边我行我素，而是耐心地等待孩子的成长。虽然不能满足孩子所有的要求，但是对于她认为重要的事情，她总是会给予支持。"也许是因为只有一个孩子，所以内心才能如此宽容吧。"张妈妈如是说。

3. 天生的母爱＋后天学习的母爱。

所有的父母都会受到来自自己父母养育态度的影响。张妈妈的父母又是怎样的呢？"我的父母对哥哥予以厚望，几乎倾注了所有的心血，而对作为家中老小的自己看起来却是漠不关心。"她笑着说道。这么说来在她的内心深处，对父母的印象差不多是一片空白吧？实则不然！父母对子女倾注心血的态度对她产生了潜移默化的影响。只不过在幼小的静新眼里，父母似乎把更多的爱给了哥哥罢了。

这里特别要说的是——为了成为一位合格的妈妈，她付出了相当多的后天努力。她经常参加学校或是附近社区组织的各种父母教育课程，并努力阅读着各类教育书籍。每天登录母亲牌英语学习论坛，努力从其他父母发表的帖子中学习心得。她的母爱在她坚持不懈的努力下不断地走向成熟。今年父母节（韩国把每年的5月8号定为父母节）的那天，胜贤发来一封信，信里写道：

"……感谢你们，你们比其他孩子的父母做得更好。"

我问胜贤："你的爸爸妈妈哪点做得更好？"她回答说："我讨厌去辅导班，他们就答应不送我去，这就是值得我去感谢的地方。我的朋友们都缠着自己的父母说不想去培训学校，可是根本就没人答理他们。但我的父母却尊重了我的想法。"

能够从临近青春期的女儿那里赢得如此绝对的信赖着实不易。胜贤的妈妈一定很开心吧。

4. 观察孩子的反应，在孩子想要的范围内满足他。

根据最近的脑发育研究显示，控制语言机能的侧头叶部分是在6至十二三岁期间发育的。脑科学家徐友宪博士强调说："在侧头叶发育期间，从外语到母语的说、听、读、写教育都可以取得显著的效果。想要让母语和外语都能同时掌握的年龄最快也是在6岁至十三四岁期间。"

她就是在胜贤满6岁的时候，正式开始对她进行英语教育的（胜贤最早集中接触的英语教材就是那本和妈妈边玩边学的《Learn to read》）。当时并没有强迫孩子学习，而是在认真观察了她的反应之后才开始的。另外孩子从上小学起，就正式进入英语学习阶段。把握恰当的时机，以恰当的方式开始英语教育一定会事半功倍的。

张妈妈的小贴士

一定要跟着孩子的兴趣走。如果一味强求，只会南辕北辙。因此一定要记住勉强不得。

1.如果从低年级开始英语教育的话，绝对不要贪心。

与高年级的孩子相比，低年级的孩子学习起来肯定要花更多的时间。所以一定要慢慢来，就像学习母语一样需要有耐心。这个年龄段的孩子英语水平是不可能超越母语的。

2.请增加母语书籍的阅读比重。

如果孩子渐渐远离母语类书籍，那今后他也绝不会爱上英语书籍。此外看完全听不懂的电影也会大大影响孩子的母语能力。用母语都无法理解的内容，用英语就更不可能明白了。只有说好母语，才能说好英语。

3.请保护孩子的兴趣。

在给孩子放电影时，不要忘记考虑孩子的年龄和兴趣。因为与英语相比，孩子的兴趣更加重要。

4.请积极地反馈孩子的意见。

在电影的选择、观看时间以及观看方式上，要给予孩子足够的选择权，要尽可能带着关心与孩子进行交谈。与孩子的沟通能够达到何种程度，这一点非常重要。

5.不要强求。

请细心地为孩子创造各种不同的环境，让孩子找到兴趣点，然后再投入其中。如果总是强迫孩子做这做那的话，反倒会起到负面效果，让孩子越来越反感。即便可以把孩子拉到电视机前，你也无法保证他的心思在那里。

第四章　只有学好母语，才能学好英语
——英语教育达人：张妈妈

第五章

进山比登山更有意义

——生态教育达人：朴妈妈

66 比起登山，我更喜欢'进山'这个词。

要问我干吗花那么大力气进山？

那就请大家和孩子一起到山上

欣赏一下花草树木，昆虫还有鸟儿吧。

在这样的环境下成长起来的孩子

身心和灵魂都会很健康。**99**

感受森林的孩子

　　孝茵是一名刚升入初中的学生。从小学开始，她就和同龄人有着不一样的经历。她不仅是"绿森林宣传院"以及"守护蓝天"团体的学生代表，还担任了一届绿衣战士（Green Ranger）儿童森林大使。她勤于生态写作和写生，为此还获得过不少奖项。她的理想是长大以后成为一名生态向导或是森林解说家。

　　孝茵从三四岁开始就接触森林了，有时还和妈妈到溪边抓蝲蛄玩。

　　玩得高兴时，妈妈经常会问她：

　　"孝茵啊，听听风声，风往哪儿吹呢？"

　　"闻闻泥土的味道吧，哇！真的很香啊！"

　　"听听刚刚飞过去的那只小鸟的叫声吧。它现在心情怎么样呢？"

　　在森林里玩耍的经历成了孝茵最美好的儿时回忆。正因为有这些幸福的回忆，她才会加入环保者的行列，并且乐此不疲地参加一切与森林相关的活动。

　　我曾一本正经地问她可不可以跟我这个对森林一窍不通的阿姨讲讲"四季的森林有什么不同"。

　　"春天的森林很可爱，树上满是翠绿的新芽；夏天嘛……

嗯……很凉爽；秋天是忙碌的季节，树上结着满满的果实，叶子也都变黄了，昆虫们正为了准备过冬而忙碌着；冬天的话，冬天……"

孝茵突然停住了。她摇着脑袋，一副正在思考的神情。为了找到合适的形容词，孩子们有时会陷入困惑之中。为了帮她一把，我说道：

"我喜欢冬天森林的宁静，就是那种宁静的感觉。虽然可能有点冷清。"

听完我的话之后，孝茵眼前一亮。她继续补充道：

"如果下雪的话，森林会变得很漂亮。"

孝茵的身体很好，即便在游乐园玩了五个项目的游戏，她也能坚持走1小时的路回家。在她4岁时，妈妈就带她去森林学习生态知识，走一天她都不会喊累，就那么一直紧跟着妈妈的脚步在森林里不停地走着。现在，孝茵报名参加了首尔市气候变化协会的讲座。她一边在那里认真学习，一边还在积极参与各种生态体验。她离自己的生态之梦又近了一步。

🥔 韩国有很多山，这太棒了

2000年一个名为"申爱罗育儿日记"的节目正在如火如荼地进行着。

虽然那一年唱主角的是"全球一体化"、"千禧年"这类概念，但这对我来说并没有多大意义。相反，了解居住在韩国的外国人如何教育孩子却让我更感兴趣。当时认识的一个美国妈妈的故事至今让我记忆犹新。

美国妈妈有一双儿女，一个3岁、一个4岁。虽然是外国小孩，但身材都很矮小，据妈妈说他们的身体素质天生就不太好。不过看了接下来的情景之后，你无论如何也不会觉得这位妈妈是在保护孩子，反倒好像是在"虐待"他们。

零下五度的天气，妈妈给孩子们武装上围巾、手套、毛衣之后，就大步流星地走出了家门。虽然到后山只需要15分钟，但是你想想三四岁的孩子怎么能忍受得了如此寒冷？况且还要爬山？

只要带孩子走过的妈妈都会知道，上山的路可不是一般的难走。又不是背孩子上去，徒步攀登比想象中更费时间。不过孩子们倒是满脸好奇，一副兴高采烈的样子，一路上他们都在东张西望。

"听说韩国的妈妈不怎么让孩子多走路。所以你会经常看到很多学生明明只有两三站地的路程也要排队等车。我的意思是说其实走路对身体更好。"

到达山脚的时候，她继续道：

"韩国70%的土地都是山，这是一件很棒的事情。美国大部分的山都要坐两三个小时才能到，而韩国随处都可以见到山。我觉得能带孩子经常爬山真的很不错，光凭这一点，我就希望他们小时候能一直生活在这里。我很羡慕韩国的妈妈们。"

这让我突然想起了自己的法国之旅。当平生第一次看到一望无垠的平原和所谓的地平线时，我感觉这个国家是最让人羡慕的了。你看看这片土地是多么的宽广，能在这里耕作、养牛养马是多么幸福。如果勤劳的韩国人能生活在这里的话，我想应该会比法国人生活得更好吧。

我在羡慕他国平原的同时，眼前的这位美国妈妈却在羡慕韩国的大山。顿时山在我心目中的形象立马变得高大了起来，骄傲感也油然而生。但是，这个女人到底在羡慕什么呢？

后来我在学习儿童发育相关的知识时，才得以了解其中的原因。美国妈妈热衷于带孩子爬山是有原因的。首先，爬山有利于运动发育。环顾四周，你可以看到很多妈妈都把注意力放在了孩子的情商或智商发育上，而对他们的运动发育却不怎么敏感。也许你会问能跑能跳有什么好担心的？运动发育怎么重要了？事实上，运动也有"质"的概念。猛地一看会觉得孩子都能跑能跳，但其实有的孩子的运动质量很高，简单地说就是运动能力优秀。这样的孩子可以随心所欲地移动自己的身体。

神经生理学家丽丝·艾略特博士在《打造黄金脑》一书中

说过：随心所欲地移动身体、把玩自己想要的物品、爬着走着或跑着去接触新事物，再加上一项运动技能，不仅可以扩展孩子的知识面，还可以提高他们对世界的理解度。在运动中接触不同的环境，对孩子的情商和智商的发育是相当有帮助的。要记住新的运动技能不是遗传，而是通过不断挑战而获得的。

据说关在笼子里的猴子小脑神经细胞会很小而且不太均匀。因此，尽量不要让孩子听到诸如"不行"、"危险"、"不能做"之类的话，最好能让他们尽情地玩耍。

想要让孩子变得聪明，就必须让他们开心地玩。未满5岁的孩子很难将注意力集中5~10分钟。这个年龄段的孩子，与其让他们安安静静地坐着，还不如让他们到处跑跑跳跳。但是看到孩子玩得太疯，有些妈妈又会担心说："孩子容易冲动，而且注意力也不集中。"其实这些担心有些多余。

要不我们来做一个实验？我们让身体健壮的美式足球队的大学生们像小孩子那样蹦跶一整天。结果呢？他们全部都累趴下了。这足以证明好动是孩子的天性。

父母应该鼓励和帮助孩子多运动。美国妈妈就把矮山选作了练习场，让孩子到山上去锻炼。带孩子到森林的入口、低缓的山坡之类的地方就行了。为了能爬上斜坡，孩子们会努力调整身体重心。他们往往是一边高兴地看着倒在一旁的原木，一边气喘吁吁地往上爬。在这个过程中，他们的身体和头脑都会得到充分的锻炼。

然而大部分的家长是怎么做的呢？

很多城市里的孩子都缺乏运动。他们上学、放学都是坐车，所以运动量肯定不足。事实上城里的孩子也没有太多可以玩的地方，再加上都是独生子女，要想运动就更难了。"独生子女"生活在没有同龄人的成人环境里，没有同龄人当然也就意味着没有玩伴。尽管大人们可以陪他们玩，但是他们却找不到真正的玩伴。

　　我们经常会看到这样的孩子：独生子女，生活在高层住宅，楼下还有一位神经敏感的邻居。妈妈成天喊着学习，把他们送到这儿那儿去上辅导班。这样的孩子该怎么办呢？什么都别说，孩子的身体要紧。像美国妈妈那样，先把孩子带到山上或是森林里去活动活动吧！

🫘 在森林里玩大的孩子和没有在森林玩过的 孩子，谁的学习更好呢

你有没有见过孩子在森林里观察田鼠时的神情？他们会注意力高度集中地观察很长时间。因为害怕把田鼠吓跑，所以个个都是屏息凝神，不肯错过任何细节，认真劲儿让人惊讶。

看到翩翩飞舞的蝴蝶时，他们会问："蝴蝶靠什么活着呢？它现在要去哪儿？"下雨的时候，孩子会一直盯着不知道从哪儿冒出来的蜗牛问："蜗牛的家里都有什么呢？"在这个过程中，孩子自然产生了惊人的注意力和好奇心。任何节目都不可能做到这一点。

2003年德国幼儿教育专家哈弗奈博士做了一项调查研究。他对就读于森林幼儿园和普通幼儿园的孩子上小学后的情况作了一次对比分析。研究发现，从森林幼儿园出来的小朋友不仅在耐力和注意力方面更胜一筹，在认知、身体以及社交方面也有着不俗的表现。为什么会这样呢？

森林可以满足孩子探究新事物的欲望，因为森林时时刻刻都在变化着。植被每天会根据日照和光线变化，以及风的大小发生微妙的改变。昆虫和鸟儿感知到这些变化之后，会调整"自己的时间"在森林里穿梭。

在参与韩国教育电视台"唯一的地球"及其他几个纪录片

的制作过程中，我被森林家族的成员深深震撼了。他们的生活是多么的丰富多彩、美轮美奂啊！虽然在这之后，我的精力都转移到教育类节目上，但我还会经常回忆起当时的情形。这段森林"生活"经历不正是最好的感官教育吗？

我选择把孩子送到公共教育托儿所只有一个原因，那就是我非常满意孩子每天能看到森林这一点。这个托儿所每天都会抽两三个小时的时间让孩子们到后山或是森林里玩耍。我认为这对具备"都市、公寓、双职工夫妇"三大恶劣条件，以及动不动就坐车的独生子女（我的孩子）来说是一种非常必要的"经验"。

虽然其他方面不太完美，但我仍然努力在孩子的野外教育方面做到最好。通过郊游，孩子发生着巨大的变化。四五岁时还喜欢在山坡上滑来滑去的他，到了七八岁就像是变了一个人一样。他经常会到家旁边的地里去观察和触摸小虫子。

其实只要能让他到户外呼吸新鲜空气我就很满足了。没想到他居然能因此而对生物着迷，开始观察起昆虫。可以不夸张地说，我现在让他参加任何生物教育或体验项目，都不可能对他有如此大的影响力了。

次性或带有活动性质的教育不可能起到很好的效果。我的孩子就是在没有任何压力之下，一年到头地在田间地头观察各种生物。在这个过程中，他不仅收获了"对生命的感悟"，而且还培养了"观察力"。其实这种能力从四五岁时就开始萌芽了，到了7岁左右，已经能够清晰地显现出来。

孩子对昆虫越来越感兴趣，现在已经到了无人能劝的地步（也不应该劝阻）。他开始上网搜索与昆虫有关的网站，到图书馆里去查阅各种图鉴，把自己知道的信息讲给朋友们听。在这个过程中，孩子的注意力、信息检索及系统化等能力都得到了加强。这个时候，妈妈要做的是充分予以理解，和他们一起分享情绪；带他们去书店购买想要的昂贵图鉴。这些就足够了。

我本来只是想给孩子增加一些运动量才让他去森林里玩的。没想到在给他带来幸福的同时，还让他变得更加聪明起来。后来我才明白，那段经历其实就是一种"育儿秘诀"。

接下来我要讲讲孝茵的事例。大家把她的情况看成是前面提到的森林体验的附加值就对了。孝茵的妈妈是专业生态向导。她在孩子4岁的时候开始学习生态知识，因为没地方寄养孩子，所以除了上课之外，她一直都把女儿带在身边，因此孝茵的体验比一般的孩子多也不足为奇。像我的孩子接触森林主要是靠学校在白天组织的活动，而孝茵还有机会感受夜幕下的森林。

她晚上也会带孩子去山泉处观察蟾蜍和锹形虫。

夜幕降临之后，所有的虫子都爬出来享受夜晚的宁静。孝茵有时会把正在地上爬的蝉放到树上观察它如何蜕皮，有时会在塑料桶里放上果冻诱捕虫子。每每在第二天看到爬进桶里的虫子时，她都异常兴奋。就这样，她不分昼夜地体验着森林里的一切。她甚至在家孵化过蜘蛛，不过不是那种吐丝的蜘蛛，而是会在地上跑来跑去的徘徊性蜘蛛（一种不会结网，主要靠四处游走或者就地伪装来捕食猎物的蜘蛛）。因为母女俩收集来的昆虫过多，其中也不乏令人讨厌的，所以妈妈故意养蜘蛛来对付它们。她要让孩子在家里看看自然界的规律。

可能正因为各自的体验不同吧，我的孩子只是单纯地喜欢森林和昆虫而已，而孝茵的意识已经上升到了保护森林的层次，也就是说她的生态指数更高。我的孩子上了高年级以后也会像她那样吗？唉！我又没有孝茵妈妈做得好，怎么还有那么多期待啊……

生态盲（Ecological illiteracy）

最先使用"生态盲"一词的人是大卫·沃尔。

生态盲是一个新造词。它不是用来指缺乏自然生态知识的人。而是指那些无法感知自然界的重要性、神秘性及审美性的人。

森林学家全永宇博士说：

"生态盲认为不接触泥土的生活很正常，他们并不觉得用柏油或水泥堆砌的人工环境有什么不妥。他们缺乏与自然界和谐共存的智慧和情感。

"虽然有的家庭主妇在垃圾分类收集时做得很好，但如果说要买新房子的话，她们就会张罗着换家具，即便其中的绝大部分还可以继续使用，这其实就是'生态盲'的典型例子。换新家具会在不自觉中加速热带雨林的流失，破坏生物多样性，最终引起全球气候变化。生态盲不知道我们的日常生活和整个生态界密切相关。他们只会进行一些小的环保动作，缺乏长远目光。因此，为了让生态盲擦亮双眼，有必要对他们进行适当的宣传，让他们和自然界更加亲密。"

在水资源、粮食资源以及能源匮乏的21世纪，只有培养孩子的生态意识，他们才可能健康地成长。

让我们牵着孩子的手一起到森林里去看看吧！

做成熟而坚强的人

"什么嘛！难道就你娇贵吗？我也是有父母疼的孩子啊！你可以只顾自己的事情，为什么我却要受这份罪……真是冤枉啊我！"

1992年，朴妈妈为发泄心中的怒火爬上了北汉山的仁寿峰。她的丈夫一直投身于当地的劳工运动，为了忙"要紧事"，他几乎没有时间照料家庭。由于家境并不宽裕，她只好独自负担起家庭的生计，日子过得孤独而又艰辛。夫妻俩前一天晚上还大吵了一架。

她从来没为自己买过一样化妆品，但她的丈夫却为了照顾劳工组织的成员经常凌晨打车回家。"要这么过下去吗？就算外面再忙，首尔的男人们多少还是会照顾一下家里的。丈夫是从地方上来的，应该更会注意这一点才对啊。但他却倒打一耙，昨天晚上居然还对我发火了，数落我不理解他的难处。"

事实上在她到培训学校当老师挣钱的时候，家务活都是由丈夫一手包揽的。每次吵架，他都会强调这点："我说我也给她做过饭。"他又说了，"怎么能只顾自己过得好，而对社会问题置若罔闻呢？"丈夫一直都没有表现出一点歉意，这让永美很难过。"谁不知道民主和平的重要性啊，但是也不能因为你要忙于建立平等社会而不顾我的死活吧？"

不是一直说过要去仁寿峰看看的吗？她想怎么也应该去一趟吧。她原本就很喜欢爬山，所以不一会儿工夫就爬到了山顶。为了充饥，她买了一盒方便面还有一杯咖啡，那味道至今都让她记忆犹新。她还顺道去了一趟道先寺，墙上的弥勒佛笑得很灿烂。那仿佛要赶走一切烦恼的微笑让她豁然开朗。

"嗯，生活本来就是如此。无论他现在怎么样，想当年他也是可以让我为之疯狂的男人啊。我不知道我们的爱情到底产生了什么问题，但有一点很清楚，他并不是在外面玩，他是在做好事。他做的不是照顾'我'而是'我们'的大好事。"下山后她就直奔市场去买菜了。当她打开家门时，怒气已经消失得无影无踪。现在的她心情平静极了。

后来才听说仁寿峰是火山。按照风水学来说，发火的人爬火山的话，火气就会相互抵消。我也不知道到底是为什么。（笑道）反正那儿很适合发泄情绪。

在登山的过程中，她学会了如何与树对话。她发现比起别人的安慰，山更容易让她冷静。她开始爱上了山。

一切对她来说都是那么新鲜，花草树木以及潜伏在丛林里的昆虫和小鸟都让她兴奋不已。刚开始的时候她主要是在看山，慢慢地她开始观察起森林来。她发现森林其实是比山更大的某种存在，她想去发掘里面的秘密。于是天性好奇又热爱运动的永美开始正式研究了起来。

她的学习范围从"环境"扩展到了"生态"。所谓"环境"是以人为中心的说法，周围的其他客观存在都是人的陪衬。但在"生态"范围里，人和微生物都是同等的。人和其他生物是一种相互依存的关系。

认识到这一点时，永美已经学习很长一段时间了。从一开始的森林解说课程到湿地研究，再到后来学习传统民俗游戏、稻草工艺等。她生性活泼，喜欢变化的事物，非常适合搞生态研究。她曾经为了前往良才川（河名）研究生态状况，往返走了20多公里的路程，袜子磨破了，腿也快走断了。她笑着说道："虽然上天没有给我一副好身材，但却赋予了我超强的体格。"

生态研究让我变得心胸宽广起来。虽然有点死脑筋，但这也像是我身上的某种微量元素一样不可或缺。生态学习真的让"朴永美"焕然一新。

生态学习不仅让她心胸开阔，和丈夫的紧张关系也开始有所缓解。她切身体会到把女儿培养成为一个健康孩子的重要性。说实话，生大儿子的时候，因为和丈夫不和，她曾一度把孩子扔在托儿所，自己跑去游泳，要不就是去学做家居用品或西服等。

虽然生儿子的时候她还什么都不懂。但孝茵出世时，她已经通过生态学习变得豁达、聪明了。女儿和妈妈不仅有着相同的兴趣爱好，还在一起学习生态知识。因此她俩变得越来越有默契。

比如说某天孝茵去上学，刚出门10分钟就往家里打了个电话。还没到学校干吗打电话？用的是对方付费电话吗？正当妈妈一头雾水时，电话那头的女儿说："妈妈，中央公园有很多红松果，赶紧过去捡吧！"

原来她在上学的路上看到了那排为了恢复良才川生态而种的红果松，发现结果子之后马上把这件事报告给了妈妈。根据女儿的指引，那天她收获了十把红松果。别的孩子遇到这种情况时，可能会无视地走过去，但孝茵却能发现它们的存在。母女俩就这样一直密切关注着周围的一草一木。步调如此一致，你说她俩关系能不好吗？

孝茵很像妈妈，无论是性格、胆识还是兴趣爱好都和妈妈一模一样，说白了就是两人的八字很合。不过即便如此，妈妈也不希望一直带着女儿生活。虽然她经常带女儿去山上、田里还有溪边玩，但训练孩子的自我照顾能力也是必不可少的。

每次去哪儿玩的时候，她都让孝茵自己收拾行李，而且从小就这么教育她。比如说，让孝茵把内衣放在手巾里包起来，自己带玩水时用的管子和球，自己挑衣服打包，等等。但是她毕竟还是个孩子，总是忘记应该带塑料袋装打湿的衣服。

那孝茵对妈妈的教育方法有什么看法呢？我想问问她。

"妈妈不是经常要忙着去学习或讲课吗？不能像其他妈妈那样陪着你，会不会觉得很郁闷呢？"

她诚实地回答说：

"嗯，有时会有一点郁闷吧。不过这也不是一件坏事，因为我自己也很坚强了啊，不是吗？"

像有礼貌的客人一样进山

● 以前的妈妈都抱着孩子讲故事。在书籍匮乏的年代，人类的文化好像只能通过这种方式进行传播，然而现在的妈妈却应该把孩子带到山上去看看。

我也有同感。我曾经看过这样一组有趣的图片，父母把背上的地球交给了孩子。近代之前的它还是一片生机盎然的蓝色，但之后却完全变了一个样，感觉像是一个头发掉光了的驼背老人。妈妈们应该清楚这点，那就是我们现在传给后代的大自然已经是遍体鳞伤的了。

● 虽然为了孩子的将来有很多事情可做，但我觉得最重要的事情还是能让孩子有更多的"生态感觉"，提高他们的"生态指数"。可能很多父母都会觉得这个话题太过遥远，那么今天就主要讲一些离我们很近的小事吧。

好的！

● 首先我俩都是把孩子送进森林达到某种教育"效果"的人。那您觉得和孝茵一起体验生态时，她都有些什么收获呢？

首先她走了很多路。除此之外，我觉得还提高了她的感性认识以及应对突发状况的能力。另外，她的独立能力也得到了加强，更会说话、做事以及写文章了。

● 孝茵给我一种健康以及善于自我表达的印象。她是不是要立志成为生态战士？我觉得她已经具备了最重要的人生基础，这着实让人羡慕。

其实我也一直忙于学习，根本不知道她为什么会跟着我走。所以你要说我如何会带孩子的话，我其实会很不好意思。我没料到自己的生态学习会给孩子带来那么多好处，我觉得最主要的是她自己喜欢。你比如说每次她在溪边玩水的话，带她回家都会很费劲。另外一点就是通过学校的一系列活动，她更加热爱生态环境了。她被选为洪陵树木园的绿色战士，还在关于气候变化的作文竞赛中获了奖。虽然在写简介的时候，她都会写上是和妈妈一起讨论的结果，但是她的生态感觉以及生态指数的确是比同龄人高了不少。

● 您不是正在社区等地方讲生态体验课，要让其他孩子也能像孝茵那样热爱大自然吗？那么孩子的父母又有什么反应呢？

其实把孩子送去参加森林活动的父母本身就是"很有想法的"，但是他们并没有把心思放在孩子的着装上。有时还会出现不给孩子带水，让他们背着纸笔去的情况。每当这时，我就觉得很无奈。其实让孩子开开心心地玩，让他们用心记住森林才是最重要的事情。

● 有一些人要求用纸笔记录生态知识。

我听说德国的教师就会在书包里放很多图鉴去教孩子。但那只不过是众多森林教育的方式之一。孩子在学习书本知识之前，首先还是应该获得感官认识才行。其实一周也就在森林里待一两个小时而已，还让孩子带着文具去？这实在是太勉强了。

● 那么请给对生态体验一无所知，以及刚想尝试进行生态体验的妈妈们一些建议吧。

　　首先要从服装着手，让孩子穿得舒服。因为我有时会看见一些穿着连衣裙和皮鞋的"小公主"。如果你让她们抱一下树，她们肯定会后退着说："老师，我不能抱。"（笑道）

　　● 好！现在衣服和鞋都穿对了，我们要进森林了。接下来又该怎么做呢？

　　首先开始自由活动，要让孩子没有负担地玩耍。因为这时他们的五官已经开始旅行了。让他们尽情地欣赏风景，呼吸新鲜空气吧。芬芳的泥土、鸟儿的歌唱、甘甜的泉水、高低起伏的石子路，还有那踩上去软软的落叶，被脚步声吓跑的虫子等，这一切都会让孩子更加热爱大自然。

　　● 有人说在森林里进行的感官教育是一种充电教育。那么在感官体验之后，下一步又该怎么做呢？

　　首先请妈妈们把自己看到的或知道的东西当做教材来用。如果孩子喜欢昆虫，就把他带到有昆虫的地方；喜欢水就带到溪边；喜欢花就带到花园。然后再让他们仔细观察，问他们发现了什么。我有时会穿着雨靴跑到水里去捞石蝇、蜻蜓、蝲蛄、虾之类的东西，让孩子看看它们彼此有什么不同。当然之后还会把它们放回水里，如果有我们都特别喜欢的还可以拍照或是回家找图鉴来看。虽然我们不是专家，不可能知道所有生物的名字，但是能让孩子知道森林存在着很多不同的生命已经很不错了。

● 还得多玩游戏吧?

是的。第三步就是在森林里做"任务"。为了安全起见,先指定好一个区域,然后再让孩子在指定范围内找到最长的树叶和五彩的东西、捡树叶、盖树叶被子、像松鼠一样在地里埋五颗橡子,等等。让孩子像森林中的一员一样快乐地玩耍。孩子有很多玩法,比如说让他们来给人盖树叶被子的时候,很多小朋友都是用双手捧树叶,但有的孩子却把衣服脱下来装树叶。让他们听

亲自去树林里体验一下

🖐 大雨倾盆的时候,光脚走在泥泞的林间小道上。

🖐 刮风的时候,驻足于树丛中,任凭风吹过自己的身体。

🖐 把耳朵(有听诊器更好)贴在树干上听里面的水流声。

🖐 下雪的时候,像树那样任凭雪落在头和肩膀上。

🖐 深夜走在没有半点星光的林间小道上。

🖐 闭上眼睛去触摸不光滑的果实,哪怕会突然被它们扎到。

🖐 用一句话来形容树林里的香气。

🖐 对树木、森林以及自然界说声谢谢。

🖐 唱一支优美的自然赞歌。

🖐 深呼一口气,想象一下我在吸气的时候,树在呼气;我在呼气的时候,树在吸气。树木、森林和我三者合一。

——摘自《森林(看、读、融入)》中的五感体验十则

"森林里的声音"，然后问他们听见什么时，即使语言表现力好的孩子有时也会说出让人啼笑皆非的话来。当然有的孩子的回答也很出人意料。比如说让他们描述一下树叶的味道时，有人就会用"哇！"来形容。其实刚开始都会这样的，所以大人们一定要充分予以理解。总之我觉得纵使离开了书本，也可以在森林这个大教室里进行创意力、语言表现力等成长期必需的核心教育。

● 那样的话，孩子的身体也会变得更健康吧？

嗯，还会变得很聪明。

● 孩子的创意力也会自然提高，但是我担心这种教育会加深对森林的破坏。

所以妈妈们一定要记住一点，那就是进入森林之后，不光是要进行运动和认知训练，还要让孩子学习和熟悉周围的一切，也就是要以客人的身份来森林里参观学习。如果动机不纯，那么我们登山时就总会是一种征服者的姿态。所以不要光想着登山，要深入山里、森林里去体验其中的乐趣。比起登山，我更喜欢"进山"这个词。

● 有的孩子因为好奇而抓了昆虫，或是把它们弄死了，这个时候，站在父母立场上应该说什么好呢？

嗯……我有时也会遇到这种情况。有一次我和孩子一起寻找已经开了口的刺蛾茧时，有个孩子在山踯躅花旁边发现一个完整的茧。我和孩子一起把它给打开了，里面的蚕蛹漂亮得让他们合不拢嘴。在自然状态下打开茧的话，里面的蛹是不可能孵化成蛾子的，我突然觉得有些残忍。

但是为了让孩子认识自然界，增加他们的生态感觉，有时这种显微镜式的观察也是必不可少的。那天我原本还想打开已经开口的茧给孩子看看里面的情况，但他们诚恳地请求我不要那么做。教育有时就是会遇到这种让人无可奈何的事情，只要不是经常为之就行了。

● 还有什么要注意的吗？

在跟孩子讲解森林里的所有生命时，最好能从全局意义上进行说明。比如说，春天的时候到森林里去看，你会发现很多吃叶子的毛毛虫。有的孩子见此情景会觉得树叶"很可怜"。因为这种时候，孩子会很容易认为受害者是树叶，行凶的是毛毛虫。

但是所谓生物链就是吃与被吃的关系。不管怎样，树叶的10%~20%就是为了毛毛虫而生的。你要告诉孩子当毛毛虫变成蝴蝶的时候，它是可以帮助树木传粉的。也就是说只有这样讲才算真正完成了生态教育，因为让孩子看到并接受各种生命现象是至关重要的。

■ 我的孩子七八岁的时候也成天跑去抓锹形虫或是蝉之类的东西，每当我见此情景就会反问他：让锹形虫和它的家人生活在一起不好吗？如果不让你和爸爸妈妈还有小朋友们见面，你觉得好受吗？其实很多时候是我自己不想去橡树林才那么说的。一是我不喜欢抓虫子，二是我的生态哲学也不允许我这么做，因此孩子的好奇心屡受打击。不过我会让他去买昆虫回来养，这点还是可以做到的。但家里养的昆虫太多，多少有一些会死掉。有时孩子想把锹形虫换成金龟子，他也会跑出去抓。

有一次下雨之后，我们发现一条很大的蚯蚓缓慢地朝水塘挪动着身体。大街上车来车往，我俩不免担心起这个小东西的命运来，我和儿子决定护卫它爬到水塘。我们一蹲下，经过的自行车就

和孩子一起认识森林的五个阶段

1. 慢慢散步

自然尝试全永宇老师提出的五感体验十则（见177页）。

2. 观察

很多孩子一看到昆虫就想挥着网子去抓。其实还有一件更重要的事情要做，那就是找个地方观察昆虫。如果没有看到昆虫的话，就去找它们留下来的痕迹。比如说被毛毛虫啃过的叶子或是那种只剩下叶脉的叶子等。

3. 懂得自然法则

早春时节，最先开出黄色花苞的植物是生姜。在橡子树、栗子树发芽之前，它就开始集中精力生产种子了。花谢之后才开始长叶子。

金达莱也一样，早春时节，别的树木还没有发芽的时候就开始生产种子了。

高山上的山踯躅如果先开花的话，就有被冻死的危险，所以它先长叶后开花。山踯躅花有毒，毒是用来保护花朵的。

只好绕着我们走了。我突然间能理解以前的僧人为了不踩到虫子而穿草鞋时的心情了。等到蚯蚓爬进水里时，我俩站起来腿都麻了。因为我们经常做这样的事情，所以慢慢地孩子便不再说什么换或是去后山抓昆虫之类的话了。如果养的昆虫死了，他还会反省说是自己没养好才死的。

春天里的花朵在树叶遮住阳光之前尽情开放着。虽然春寒料峭，但是它们仍然长出了新芽。

夏天的花开在绿意盎然的时节，所以它们的花朵又大又艳。秋天的花只在日照变短的时候才会开放，紫菀菊等就是其中的代表。

4. 掌握例外

常绿乔木松树每3～4年才换一次叶子。虽然带有针形叶的好像都是常绿植物，但是水杉则是个例外。它的叶子一到秋天就会像枫叶一样变黄，冬天则会全部凋落。阔叶树到了秋天会掉叶子，黄杨木和冬青虽然也是阔叶类植物，但是它们的叶子不会掉。由此可见，自然法则也有例外。对某些个体而言，这些小小的例外也跟自然法则一样重要。

5. 应用

这是孩子系统接受生态知识的阶段。

一提到会下"金蛋"的白屈菜，估计没有几个孩子不知道。但是即便知道了名字，他们也不会想到被蚊子咬了以后涂上其汁液可以止痒。如果他们懂得了这一点，那不就是进入了应用阶段吗？

——摘自朴妈妈的《生态体验随想》

孩子好像就是这样的。虽说一开始就告诉他们生命的"珍贵"是很重要的，但是让他们经历几次痛苦可能会记得更深刻。除此之外，在满足孩子的好奇心时，还要告诉他们不要随意去玩生物，因为这样它们会死掉。

对生态体验有帮助的韩国书籍

《你好！花草朋友们》 李英得 著/摄影 黄牛脚步出版社

这是一本妈妈和孩子可以一起阅读的书。书中介绍了一些植物名字的由来以及它们的特征。

作者把个人的亲身经历如讲故事一般对孩子娓娓道来。

《孩子们！到森林里去玩吧》 南孝昌 著 秋天出版社

本书收录了可以和孩子一起玩的各种生态体验游戏。不仅对妈妈们有用，幼儿园及小学老师也可以从中获得帮助。

《来自光陵森林的信》 李由美 著 GEOBOOK出版社

本书以一种轻松的笔调向刚刚接触生态知识的妈妈们讲述了植物的生长史。建议通读之后再仔细阅读一遍。

《慢慢地爬山》 禹永中 著 韩民族新闻出版社

很多人爬山的时候都会匆匆忙忙地登上顶峰。然而本书的作者却建议大家慢慢地往上爬，欣赏一下沿途的树木，倾听一下鸟儿的歌唱。读完这本书之后，我到小区附近的瀑布边上散步。在路上我发现一棵橡树好像被什么东西咬过似的，扒开树干一看里面果然有只锹形虫。希望大家也能一起享受发现的乐趣。

《植物为何喜欢巴赫？》 车润贞 著 GEOBOOK出版社

本书与其说是在讲述生态知识，还不如说是在揭露神秘的植物界。作者向读者展示了植物科学严谨的生存战略，如果你想进一步了解生态知识，本书绝不容错过！

与大自然共存

故事一

承铉把听诊器贴在一棵粗壮的洋槐树树干上。

老师：听见了吗？

承铉：嗯！

老师：它说什么？

承铉：嗯……它说喜欢我！

故事二

慧媛和妈妈去郊游的时候，看到了一位撒农药的大叔。

她很担心农药会把蜻蜓杀死。

慧媛：妈妈，是人的食物重要，还是昆虫重要？

妈妈：嗯……人的食物重要。但是人不能离开昆虫而活着。

慧媛：那为什么要撒药把虫子杀死？

这是《一起生活的开始：公共育儿》中收录的两个小故事。

我是在首尔近郊长大的，小时候在森林里吃洋槐树叶、捡树枝玩的记忆让我终生难忘。虽然后来因为上了中学而离开了那里，但是每当我回忆起童年时，总会想到那片让人难以忘记的绿色。那时的我是多么的自由自在，世界对我来说又是多么的神奇！如果说今天的我还有那么一丁点儿灵气的话，我想多半是那片绿色的森林赋予我的，所以我经常琢磨着让孩子也去体验一下森林。

在农村长大的丈夫对自然界有着更深的体会。他说每当他放学回家，牛都会朝他微笑，因为牛已经记住了他的样子。丈夫努力地想做出牛微笑的样子，眼中充满了对牛的思念。每当他看见有人靠着树或是爬上树拍照的时候，他都会气得满脸通红，并自言自语道："树不会讲话，你们就可以为所欲为了吗？太过分了！"

"你是牛或者树投胎的吗？"尽管我老这样取笑他，但内心里还是非常钦佩他那种把自然当成家人一般呵护的精神。丈夫不让我带孩子去看海豚表演，他的独特思维模式也让我的行动变得谨慎起来。孩子在地上爬的时候，如果看到了奇怪的虫子，我每次都会用卫生纸包好再扔到窗外去。因为他像他爸爸那样望着我，我没办法拿报纸把虫子给拍死。虽然内心觉得很恶心和害怕，但还是要装作若无其事地说："虫子啊，快走吧，赶快回家吧！"但这样我儿子就会比别人更喜欢昆虫了吗？我不知道。反正不管怎么样，我还是很感谢儿子的，因为有了他，我这个低水平的妈妈不仅练就了非凡的观察力，注意力也得到了显著提高。

我相信就算在家附近的某个树旁也可以培养出儿子的灵性。哪怕他以后当不成梦寐以求的昆虫学家，哪怕他只是一个小店的老板或是快递员，只要他能把自己当做地球的一分子就足够了。这样已经很优秀了。

我真想向那些帮助我儿子朝"更高层次的世界"迈进的树林、泥土、昆虫、鸟、风以及其他所有的生命致谢。

我要学习之
朴妈妈
的优点

1. 成为"健康的妻子"

这是一个来自精神科的著名案例。

一个正值适婚年龄的女性来医院看病。原因是她对男性的否定感太强，所以至今没法结婚。医生在问了很多问题之后，让她形容一下自己的爸爸。结果让人大吃一惊，她口中的爸爸是这样的：

"卑鄙、没有责任心、残忍、只考虑自己的人……"

这不像是女儿会说的话。仔细询问之后，医生发现原来她的妈妈总是不加掩饰地向她抱怨爸爸的各种不是，告诉她自己活得是如何的累。

夫妻俩在一起生活怎么可能不产生矛盾？但如果大人都不懂得解决问题以及协调彼此之间关系的话，孩子也不可能学会"建立关系"。

从妻子的角度来讲，孩子处于哺乳期的时候，她们对丈夫的不满感最强。不光我这样，我在做韩国教育电视台"父母一小时"的一年零两个月期间接触到的大部分夫妻也这样。经过打听后才知道这都是荷尔蒙起的作用。据说生完孩子之后，女性体内刺激不安感的荷尔蒙会大幅度上升，所以她们会很害怕只有自己和孩子孤零零地待在家里。

丈夫不知道的事情太多了。他们不知道每天照顾孩子是多么的孤独和无奈；他们不知道妻子只是外表看起来像妈妈，其实内心仍然和少女一样；他们不知道不是只要生完孩子就知道妈妈该做什么了。

有工作的妈妈也不例外。不仅要上班，还要抽出时间来照顾孩子。"哪个妈妈像你一样啊？"这是丈夫常说的一句话。因为在他们看来妈妈就应该在家做家务和照顾孩子。

我在"父母一小时"上遇到的男士们也这么说：

"一说到妈妈，我自然就会联想到家庭主妇。不过我只是说说而已，没想到妻子会暴跳如雷。真是太可怕了！"

因此，夫妻俩每天都在打仗，这对孩子的影响非常大。

夫妻关系是培养孩子情商的基础，这一点朴永美已经领悟到了。她知道如果自己"不健康"的话，那么就很难成为一位好妻子、好妈妈。

出色的我、出色的妈妈、出色的妻子其实都是同一个人。我在做节目时遇到的女性朋友有不少都把妈妈的角色放在第一位，其次才是妻子。朴永美正好相反，她想先成为一位"健康的"妻子，然后才是合格的妈妈，这也是她如此专注于生态研究的原因。结果她真的做到了。

2. 她没有去找邻居妈妈，而是跑到了山上。

"……那山对我说忘了吧，忘了吧！它扰乱了我的心

187

扉。/啊！我想如风一样飞舞。/我要像风一样飞过群山，吹干眼泪，吹散阴霾。"

听完朴妈妈化解夫妻矛盾的故事之后，我突然想起了杨姬银的代表歌曲《寒溪岭》。她那一句看似玩笑的"到山上去发泄情绪"让我想起了周围那些朋友的年轻妻子。

韩国诗人朴劳解也曾借诗抒发了自己看到妻子辛勤操劳时的感激和愧疚之情。其实这些民主斗士绝大多数在家也和他们的爸爸一样什么都不做。男人们在从事民主运动时，女人们肯定也会期待"民主关系"的到来，不过现实和期待似乎还有很大的距离。

我们都能理解她所说的"一个人照顾家"很累。所以与其说她这是对丈夫，还不如说她是对整个社会发火来得更恰当些。

采访快结束的时候，朴妈妈告诉我说她的孩子们跟他们的爸爸一样温柔善良。但是正因为太善良了，所以很多事情他们宁愿自己扛着也不肯说出来。这一点才让她更郁闷。

我也认识这样一个男人，他就是我的丈夫，一个平凡的人。我们同样是经过风风雨雨才走到今天的，所以我很能理解永美的心情。但我并没有像她那样跑到山上去跟树木倾诉，而是和几个要好的朋友或是学妹吐露心中的不快。

其实这根本起不到任何作用，我是为了解气才那么说的。一旦与丈夫和好后再遇到那个朋友时感觉就会相当尴尬。

"哎呀！她是不是会看不起我老公啊？其实人家本来挺不错的……都怪我那会儿话太多。"直到那时，我才后悔不已。我怎么老干这么无聊的事儿……

但是她则和我采用了不一样的解决方式。她把自己的不快说给了不会说话的岩石听，她让风带走了烦恼。

至少这样不至于被别人说闲话，因为大自然比人类可靠，它不可能告诉任何人。

现在回想起来，她对山倾诉的内容可能不只是夫妻间的矛盾，也许还包括了她无法理解的任何事情。孝茵也在不知不觉中掌握了这种在呼气中排解烦闷、在吸气中理解生命的生活哲学。我什么时候也应该尝试一下了。

第五章　进山比登山更有意义
——生态教育达人：朴妈妈

朴妈妈的小贴士

1. 作为妻子和妈妈，首先应该注意自己的身体以及心理健康。

去森林里走一走对自己很有帮助的。

2. 去森林里的时候，不要让孩子记什么或背什么。

妈妈们首先应该要有这种意识。让孩子全身心地去感受森林，而不是用纸笔去记录什么，让他们带着水壶尽情地玩吧。

3. 研究森林是个长期的过程。

森林不是一两天或一两个月就能理解的，最好一年四季都能去感受一下。

4. 在森林里好好地玩吧。

多玩生态游戏，才能更加熟悉森林。

5. 和孩子的朋友们一起玩。

其实适合孩子和家长两个人玩的游戏并不多，所以最好能和孩子的朋友们一起玩。虽然刚开始的时候只会照着书做游戏，但长此以往一定可以创造出属于你们自己的游戏。

第六章

与其说是性教育，
还不如称其为爱的教育、人的教育
——性教育达人：南妈妈

66 在谈论性话题时，孩子不会只听父母说。

他们还会从大人们的表情、态度或是语言中挖

掘出更深层的意思。

所以真正的性教育需要父母的正确引导。

所谓食色性也。

但是跟孩子谈性多少有点尴尬，

所以最好称其为爱的教育或人的教育。 **99**

🏀 儿子，希望你能正确理解性和爱，
一定要知之而后行

#在飞驰的汽车里

正值青春期的儿子在后座上打着盹儿。他突然醒来，有点难堪地嘟囔了一句。虽然妈妈一直开车看着前面，但察觉到儿子有些慌张，她立刻就明白发生了什么事。儿子刚才不自觉地勃起了。这位妈妈到底是何方高人，如此善于察言观色。难道她就是传说中的性教育老师？

"没关系，那很正常！"

知道被妈妈发现了，儿子变得更加不知所措。但见妈妈一副无所谓的样子，他也镇定了许多。"哇！妈妈也太神了吧！你怎么知道的啊？"于是妈妈很自然地和儿子交谈了起来。那天他俩聊了很多。什么在学校里是不是学过这方面的知识，学的时候有什么感觉等。她告诉儿子没必要有挫败感或是觉得不纯洁。

妈妈努力让儿子了解"性的美好和自然"，同时还告诉孩子大人们对他有何期待。她反复跟儿子强调说"性是一种关怀和责任"。

虽然知道妈妈很直率，但是儿子还是没料到她会主动跟自己谈这方面的内容，因为如此敏感的话题的确很难启齿。儿子非常感激妈妈能这么做，因为他觉得现在可以和她真正沟通

193

了。

以前妈妈为准备搬新家的食物而忙得满头大汗的时候，儿子经常会给她做一个冰袋敷脸。这正是妈妈所希望的，她就是想把儿子教育成一个懂得关心他人的人。男人不仅要有阳刚的一面，也应有温柔的一面。她告诉儿子在照料别人时，在面对自己所爱的人时，一定要温柔体贴。

现在儿子已经长大参军了。每次妈妈问他有什么难处或者不舒服的地方时，他总是说："没关系，军队就是这样的。大家都和我一样，不是只有我一个人吃苦。"但是当她看到别的妈妈因为孩子诉苦喊累，所以见面的时候连炒锅都带上了的情景时，她终于明白了——儿子变得很坚强，他可以自己去面对困难了。

儿子已经是成年人了，妈妈不可能完全了解他的性活动，她顶多只能把原则和价值观教给他。之后就只能祈祷儿子能正确理解性和爱，知之而后行了。

🫓 不要再对女儿说"乖"了

与同龄人相比，女儿显得单纯而又脆弱。她一个非常内向的孩子，绝对不可能主动谈与性相关的任何话题。所以在她进入青春期的时候，妈妈总是故意找机会跟她聊天。

"学校有开性教育课吗？"

"嗯……"

"都讲了些什么啊？"

"……"

"学过生育方面的知识吗？"

"生育……呃……学过了。"

"有什么感觉啊？"

"什么？"

女儿脸红了，她转身想回避这个话题。

"不是。难道你不觉得孤单，想和男孩交往吗？"

"（停顿了一下）想啊。"

"那如果有男孩想跟你交往的话，你会怎么做？"

"我也想交往啊，但对自己没什么信心。"

其实能和内向的女儿聊到这种程度已经很不容易了。妈妈问得很诚恳，女儿也自然会敞开心扉。

"设想一下吧，你和某个男孩交往了，你们发展得很好。男孩说喜欢你，想牵你的手，想吻你的话，你该怎么办？"

"呃……这个程度还能接受吧。"

"那如果他说因为你们已经相爱了，所以要和你发生关系呢？"

"嗯……这个不行。"

说到这儿的时候，女儿红着脸说："妈妈把门关上说吧，爸爸都听见了。"她已经知道这种话不能让男的听到。

我觉得像我女儿这样内向被动的孩子就是应该多说话，因为她这一类型的孩子很危险。为什么呢？因为这类孩子没什么朋友，所以很容易因为别人选择了自己而心存感激，这样就非常容易失去理智。相反，积极与异性交往的孩子对性的态度会更加坦然。这类孩子反倒更加不容易受到伤害，因为至少他们会主动思考自己的问题。所以由浅入深地和孩子反复谈论这类话题是非常有必要的。

对女儿的性教育很容易成为被动和防御型的教育。事实上跟子女宣讲性暴力的危害时，女孩的妈妈比男孩的妈妈更加上心。但是这里有一件事情值得思考，那就是如果既想让女儿听话，又希望她对性说"不"的话，那她们就更不容易跟你谈这方面的话题了。

南妈妈经常强调这点。

她的丈夫很喜欢对内向的女儿说："回来了？我的乖女儿！""要去哪儿？我的乖女儿！""今天玩得高兴吗？我的乖女儿！"

小时候叫"乖女儿"一点都不为过，因为那时孩子真的很乖。但是上了中学之后，妈妈却不让爸爸这么叫女儿了。乖孩子只是大人的观点而已，对孩子来说可能没什么意义。这个称呼只是让她好好学习，听父母的话而已。孩子一辈子都不能为自己选择什么，不能为自己的人生负责。这么长大的孩子在选择异性的时候往往也容易受挫。"所以不要跟孩子说乖之类的话啦！"

妈妈还让她高三的女儿自己洗丝袜和内衣。刚开始的时候女儿觉得这么做很别扭，因为她从小就是在奶奶的照顾下长大的，什么都不会干。

"除了我，我的朋友没有一个自己洗丝袜的。"

但妈妈斩钉截铁地说：

"你的朋友都不对。高三的人就不吃饭、不睡觉、不去厕所？这是最基本的事情。"

如果想要发表自己的意见，首先必须懂得履行自己的义务。妈妈坚信只有认真履行权利与义务，懂得关心他人才可能正确把握性活动。她强调："我们不能只把生理知识当做性教育的全部内容，应该让孩子接受广义范围的人性教育。"比起南女士的知识来说，我更欣赏她的态度。

197

性教育态度比性知识更为重要

　　妈妈很从容地面对了儿子的正常生理反应。在这种稍有不慎就会陷入尴尬的情况下，她快速而果断地推动着整个事态的发展。

　　"欲望是人的本能。爱是一种分享和责任，在爱的过程中，需要照顾和尊重女性。"妈妈直截了当地向儿子揭示了性教育的核心。

　　没必要跟男孩吞吞吐吐或长篇大论，对他们应该单刀直入。但是对于害羞、内向的女孩就需要不断反复地进行教育。和女儿谈话的核心应该是"如何正确对待自己的想法，要先倾听一下来自心底的声音，三思而后行"。南花爱就经常主动和女儿谈论性话题。

　　但是也有的妈妈正好相反，她们一看到正值青春期的儿子紧锁房门就会很紧张。专家一说"有可能是在自慰之类的"这种话时，妈妈就会立刻反驳道："我的儿子不会干那种事儿的！"这样的妈妈不仅缺乏正确的"知识"，态度也是错误的。这类家长就是性教育的反面教材。然而令人吃惊的是我们周围有不少家长都这样，一旦说到性话题就觉得不好意思、尴尬，甚至是不敢接触。

　　我在做韩国教育电视台"父母一小时"的专栏作家时就深

有体会，不了解性教育的重要性是很难做好节目的。因为性教育不是说有了正确的"知识"就能顺利地推进的。

当孩子问自己是怎么生出来的时候，如果妈妈无法掩饰尴尬或紧张情绪的话，孩子不仅会记住你所说的话，还会记住你的表情。他们也许会在心里说："啊！原来这是一个敏感话题啊！"所以性教育难也许不仅仅是因为我们缺乏相关的"知识"，"态度"也可能决定了一切。

我想父母要对孩子进行性教育的话，首先应该检查一下自己的性意识、性态度是否正确。韩国教育电视台之所以要制作"父母一小时"这个节目，首先就是想让父母检查自己的性意识。但第一次尝试的结果差强人意，家长们总是绕过敏感话题或说得很抽象，以至于根本无法理解他们在讲什么。

从那开始的两年之后，节目组引入了一种全新的方式。他们尝试通过"读书"来进行性教育。童话评论家金西贞老师精心挑选了一组适用于儿童的性教育读物。精神科医师夏智贤也参与了进来，帮助家长树立正确的性意识。

节目录制现场始终是欢声笑语。家长和嘉宾一边读书，一边愉快地交谈着。我们就是想间接告诉父母"性教育也应该在这样轻松自然、坦诚的氛围下进行"。节目一经播出就好评如潮，很多家长致电询问与书相关的内容。据他们讲节目对自己的帮助很大。

"孩子是怎么生出来的呢？"

第六章　与其说是性教育，还不如称其为爱的教育、人的教育
——性教育达人：南妈妈

"我为什么像爸爸呢？我不是妈妈生的吗？……"

"为什么摸自己的小鸡鸡会觉得很舒服呢？"

我们推介的这套书就对孩子小时候经常问的问题进行了适当解答。

但是问题依然存在。就算小时候可以通过"书"来规避一些问题，但是当孩子逐渐长大，开始有梦遗之类的生理现象，开始喜欢异性或与异性交往时，即当孩子真正要面对"性"时，家长们可以对他们进行正确的性指导吗？

虽然像她那样对女儿进行青春期性教育可以让她获得必要的"知识"，但是还是有很多父母羞于启齿，所以我特别佩服她。通过她的事例，我感到性话题不再让人觉得那么困难，相反越发变得透明起来。到底有什么秘诀呢？

她建议妈妈们回过头看看自己的性活动、性经验。如果父母自己都没有正确的性意识的话，那么性教育也只会是一塌糊涂。某天当孩子明白什么是自慰，通过不好的影视节目接触到性时，很多妈妈自己就先乱了阵脚。这个时候跟孩子谈性教育，他们的内心会变得更加复杂。

童话评论家金西贞老师
推荐的儿童性教育画册

《妈妈下蛋了》 巴比特·科尔 著/图 Borim出版社

"妈妈，孩子是怎么生出来的呢？"本画册可以为孩子解答这个问题。虽然大人们有时会因为不好解释而说谎话，但是孩子们还是希望获得准确的答案。本书就是一本轻松活泼的性教育读物。

这本书的最大亮点在于利用图片说明了爸爸妈妈是如何像在游乐园玩耍一样通过"管子"和"小洞"让体内的种子相遇，然后再生出小朋友的。

《威利你要去哪儿？》 尼古拉斯·阿兰 著/图 Luxmedia出版社

孩子也需要科学知识。本书通过有趣的故事和图片揭示了遗传的秘密，告诉他们为什么数学不好、为什么会游泳等。全书像放电影一样，以一种轻松的笔调向孩子们讲述了精子与卵子的结合过程。

《抠鼻孔的话》 齐藤贵子 著/图 Applebee出版社

本画册适合与刚开始手淫或者沉溺于手淫的孩子一起阅读。全书不是只围绕着生殖器官来讲的，通过列举鼻孔、手指、脚趾等各种器官，告诉孩子过分使用一个部位会带来何种伤害。

第六章　与其说是性教育，还不如称其为爱的教育、人的教育
—— 性教育达人：南妈妈

帅气十足的妈妈

"哎呀！那是什么啊？"

京畿道某个高中教室里。上课铃刚响，漂亮的保健课老师就捧着一堆教材和模型走了进来。她把模型按组发下去之后，学生们都惊讶得说不出话来。女同学害羞得捂上了嘴，男同学则尴尬得笑出声来。原来给他们发的是木制男性生殖器模型。这节课她准备教学生如何使用安全套。

其实这不是他们的第一节性教育课。根据韩国教育厅指示，学校需要对学生进行10节课的义务性教育，其中一节就是避孕课。虽然孩子们好像已经通过互联网等渠道了解了很多相关信息，但他们还是缺乏正确的性知识。

根据2008年韩国青少年政策研究所对全韩国2368名高中生进行的性行为问卷调查报告显示，4.1%的受访者有过性经验。南老师说避孕知识对这部分学生来说尤为必要。她在和学生交谈之后发现实际数字可能远远大于调查结果。

虽然教育厅明确指示说有必要进行避孕教育，但还是有很多老师没有按要求去做，有的老师甚至干脆跳过了这部分课程。然而南老师却没有这么做，她比谁都勤于避孕教育。要问为什么？她说孩子们需要。

尽管有些难为情，孩子们还是了解到了避孕的重要性以及安全套的用法。他们都听得很认真。

南老师的课才刚刚进入正题。

"大家想一下，如果你和你的男（女）朋友发生性关系之后，有了孩子该怎么办？"

南老师形象地向学生们讲述着怀孕后的各种状况。这其实是一种模拟课程，她讲完之后就马上让学生们开始讨论。有的孩子边说边笑，有的孩子则很认真。通过讨论，他们不仅可以了解别人的想法，还可以审视自己的内心。

结果如何呢？那还用问吗？他们知道了"不能随便发生性行为，性行为背负着巨大的责任"。

即便讲了这么多，我们还是不可能知道今晚会发生什么事。虽然真到了那一刻，有的学生可能会想起白天老师讲的内容，但还是很容易被眼前的欲望迷惑。所以对青春期的孩子进行避孕教育是非常必要的。我们不能只知道对孩子说"绝对不行"、"不能那么做"之类的话，还需要教给他们解决问题的方法。这既是一种教育，也是一种保护孩子的方法。

率真的女老师

　　我第一次接触到南妈妈是在做实事纪录片的时候，当时我们要做一部探访青少年性教育现状的纪录片。虽然之前也预想了一下，但我还是没想到会有那么多的青少年正在性问题的旋涡中挣扎。其实这些孩子中有不少是接受过性教育的，他们知道"什么是阴囊"、"什么是阴唇"、"孩子是怎么出来的"等，但是幼年时候的性教育没有发挥出太大的作用。所以妈妈们一定要记住青春期的性教育也是不可或缺的一部分。

　　印象中的她是一位衣着华丽、面容姣好的女老师，她上课时的爽朗让我印象深刻。原本尴尬、沉重的性教育课，在她特有的"率真病毒"作用下变得格外生动有趣。我觉得她的课不仅帮助了高中生，也让我这样的妈妈获益良多。

　　只有了解性教育的全部内容，才可能制定路线、方针。路线制定出来了还得全部掌握，才能向学生家长讲解。所以我想我应该听听南花爱不是作为幼儿性教育专家，而是作为一个把孩子抚养成人的妈妈的心路历程。

　　我在写这本书的时候再一次联系了她，她很意外并且表示有些为难，因为"达人妈妈"这个头衔让她着实很有负担。"我并不是一个好妈妈……"虽然这是本书所有妈妈共同反应，但是她的犹豫似乎持续得更久。我向她详细说明了写书的理由，并告诉她自己主要是想听她的性教育经历。她思考了一

会儿之后，这才答应接受采访。我终于见到了她。她没有一上
来就跟我说自己做妈妈有多么成功，而是坦诚地把自己在教育
过程中所犯的错误讲给我听。

　　接下来要讲的内容就是她在抚养孩子过程中遇到的部分问
题，以及饱含妈妈泪水的"育儿经"。

妈妈的"育儿经"

因为她要上班，所以孩子小时候暂由婆婆代为照顾。细心的婆婆对两个孩子可谓关怀备至，一勺一勺给他们喂饭吃，又抱又背的。夫妻俩特别是独立心很强的南花爱一直认为"这么下去可不行"，如果把教育权交给了婆婆，他们以后就更难办了。事实上与其把教育权交给谁，还不如自然地教育孩子。夫妻俩仿佛站在了孩子教育的警戒线上，为了不让孩子被奶奶宠坏，他们一直扮演着严父严母的角色。他们总是在远处看着孩子不让他们做这做那。

初三的时候，学习成绩一向不错并且很听话的儿子开始受不了奶奶那些充满爱意的唠叨了。

奶奶一会儿要他这样，一会儿又让他那样。儿子难以承受这样的攻势，但又不能与奶奶作对。有时他会郁闷得挥拳把相框砸一个窟窿出来。

特别是在他玩电脑游戏时，奶奶就更管不了了。因为这个原因，祖孙俩的矛盾日益加剧。

为了安抚双方，夫妻俩煞费苦心。要打破这种现状，就必须有所改变。他们最终决定把儿子送到南非的熟人那儿去。不知缘由的人会把这个称做"早期留学"，但是在父母看来这是一场危险的旅程。儿子要么变得更好，要么变得更坏。妈妈含着泪水为远行的儿子虔诚地祈祷着。

留学可以说是成功的。儿子回来之后成熟了不少，他说留学让他更清楚地认识了自己的性格以及优缺点。在国外的日子里，凡事都要自己判断解决，这段经历让他变得更加独立、坚强。南非的新鲜空气还治愈了他的气喘，这也算是一个意外收获吧。儿子还说自己在国外也没抵挡住烟酒的诱惑，但是尝试过后发现不适合自己，最终还是放弃了。这番话让夫妻俩颇感欣慰。

女儿的问题在她上中学之后也跟着来了。初一分班的时候，性格内向的女儿被分到了一个陌生的班级。为此她的情绪极度低落，她开始自我封闭，把自己孤立起来，不和同学们接触。她时常为3月、5月没有一起去郊游的朋友而烦恼。为了弄清楚女儿的问题，妈妈特意到学校找到了老师和她的同学。当她得知女儿的情况之后，她哭得很伤心。因为忙着指导学校话剧班的事情，她居然都不知道女儿正在经历如此的痛苦。这让她深感内疚。

妈妈对女儿的期待只有一个。

那就是交朋友！

学习成绩不好也无所谓，考不上大学也没关系，只要能和朋友们开开心心地在一起就行了。

也就是从那时起，她开始学习起了对话课程。一看到学校里那些因为话少或是内向而不被关注的女学生，她就不禁潸然泪下。她努力和这些孩子搭话，哪怕是一次也好。因为她意识到有的孩子毕业了，但她们在学校就跟不在学校一样，从来没有人注意到她们，甚至连名字也不曾被人叫起过。她说这个时候的她无论是作为老师还是妈妈，思想觉悟都更进了一层。她和女儿一起做性格类型测试，尽力去了解和反省自己。

原来子女的教育问题不是可以用钱、外力或是父母的智慧可以解决的……"四周都是艳阳天，只有女儿一个人孤零零地站在雨地里。"她努力地要为女儿撑伞或是陪她一起淋雨。但是身为"女强人"的她，要做到这些并不容易，不过她还是因为女儿重新审视了自己的人生。现在的南花爱懂得知足，她知道要和孩子保持一致，不再骄傲自满。

妈妈放下了身段，孩子也就站了起来。孩子变得很开朗，朋友也渐渐多了起来。虽然告诉过她"上不上大学都无所谓，只要能幸福生活就行了"，但女儿还是为了能考上大学而努力学习着。此时，妈妈又多了一个心愿。

那就是和朋友们一起学习！

儿子和女儿算是各自经历了一次青春期危机。但是只要父母足够理性，相信孩子并一直在身旁鼓励他们的话，一切都会好起来的。既然困难都已经克服了，现在也该轮到妈妈发挥本事了。虽然小时候因为忙没给他们什么太多帮助，但在他们逐渐走向成熟的过程中，妈妈却成了他们最好的倾诉对象。中年时期的南妈妈终于迎来了自己的全盛时期。

对幼年时期的兄妹俩来说，奶奶的爱是抚养他们的乳汁和蜂蜜。但是当他们长大时，教育方式就转变成了由妈妈主导的对话，即沟通的方式。奶奶的爱和妈妈的爱衔接得很自然。

当然，一开始好像也会有些副作用，因为要对在奶奶的宠爱下长大的兄妹俩推行"独立生活"方针是非常困难的。即便如此，妈妈也没有胆怯，从容面对着一切问题。

　　"不要以为是我的孩子，我就会把你们送进大学。如果你们做得不好的话，我宁愿去照顾学校里家庭条件差但学习好的孩子。"

　　孩子很清楚妈妈其实是"刀子嘴，豆腐心"。我真的很羡慕她能在孩子面前表现得如此从容镇定。

第六章　与其说是性教育，还不如称其为爱的教育、人的教育
—— 性教育达人：南妈妈

采访：
性教育可以治愈"缺爱症"

● 性和死亡，这的确是让父母非常不好回答的问题。虽然自诩孩子问什么就能答什么，但唯独面对这两个问题时却不知道该如何作答。

"性"和"死亡"本来就是人生的两大核心。无论是"性"还是"死亡"，父母最好都要有自己的价值观。就像生孩子的时候，如果事先学过拉玛泽呼吸法（拉玛泽呼吸法是一种分娩预备和训练方法，由巴甫洛夫的"条件反射"原理推演出来。当产妇阵痛来临，拉玛泽呼吸法让准妈妈把注意力集中在对自己的呼吸控制上来转移疼痛）的话就会轻松很多。所以预先练习、学习、思考这两个问题是非常重要的。

● 在韩国教育电视台"父母一小时"的策划会议上，我一直强调："需要持续关注性教育、经济教育、关系教育这三个方面的情况。"我认为这三大教育比"国英数"（国语、英语、数学）更为重要。但是想要在节目中面面俱到非常困难，一是没有那么多的专家，另外一个是节目内容上也不好编排。

你说得没错，"性教育、经济教育、关系教育"是人生的核心教育。国外的阿尔法女孩们（也称α女孩，指许多方面的能力和表现都在同龄男性之上的年轻女性）不仅聪明活泼，在恋爱、经济以及人际关系方面都做得非常好。但是韩国的阿尔法女孩们却普遍显得很低能，这样的孩子即使结婚了也会因为找不到正确答案而苦恼。这就是过分关注"国英数",错过了核心教育的恶果,这是很可悲的。

● 您在谈到"性"的时候,为什么总是能表现得这么坦然呢?

对我来说,性是一种美丽而又有趣的东西。小时候,我家附近驻扎着一个美国军队。有几次偶然的机会,我跟着大人参加了部队举行的派对。我发现那儿总是有很多打扮入时的美女。她们像男人一样喝着酒、抽着烟,这让我觉得很神奇。小的时候什么都不懂,只是觉得眼前的这一切都很华美。那些年轻漂亮的女孩,她们不正是70年代韩国社会最亮丽的风景线吗?我把这种相对多彩的视觉感官看做是自由的象征。不论怎么样,我从小形成的性意识就是华丽的、男女平等的、积极肯定的。

● 小时候,还有什么与性相关的事情让您印象深刻?

我是三个女儿中最小的,但是我下面还有一个弟弟,他是三代单传的独子。姐姐们因为他年纪太小经常让着他,但我却不肯那么做,总是和他打架。

全家人都把注意力放在了弟弟身上,这让我觉得很不舒服,所以我一直都在和他争这争那的。可能是太喜欢争宠,我练就了非凡的眼力。只要我看见弟弟有什么好东西的话,我就会一直缠着妈妈不放。有一次妈妈生病了,她让我给弟弟做饭。

● 真的给弟弟做饭了吗?

当然没做了,我很委屈地哭了。问她凭什么男孩就应该衣来伸手饭来张口。我很早就亲身体会到了什么是性差别待遇，并且意识到男女平等的重要性。这种情绪可能也是把我锻炼得如此开朗、强悍的主要原因吧。我厚着脸皮对抗一切不平等的待遇。虽然妈妈会因为我这个不听话的三女儿而感到难过，但是华丽的性意识和男女遭遇的差别待遇却指引着我成了一名性教育老师。

● 性教育应该从什么时候开始？

我觉得孩子问到了相关话题时就可以开始了。最好能根据孩子的实际情况，进行简单明了的教育。

● 儿童性教育的基本要领是什么？

我觉得儿童性教育不是一次性的，需要反复向孩子说明才行。孩子有可能只是单纯对生育感到好奇才问的。把他们想知道的部分解释清楚就行，其他的内容不宜说得过多。

● 在玩医院过家家时，小男孩和小女孩会把彼此的生殖器露给对方看，这让父母觉得很矛盾。应该怎么办才好呢？

孩子们只是把那个当成一种游戏罢了，谁小时候都会经历这样的事情。父母首先要把孩子们的这种行为当成游戏看，如果真碰到诸如"脱了裤子跟人比谁尿尿远"或是"躺下来窥视别人的生殖器"之类的过分游戏时，家长必须马上制止，并告诉孩子"生殖器是很重要的器官，不能当做玩具"。然后再让他们玩别的游戏。

● 同龄的孩子都问过与性相关的话题，唯独我的孩子从来不问。这该如何是好呢？

幼儿性教育应该这么做

📢 婴儿期

要多抱孩子并和他进行肢体接触。这个时期让孩子感受到足够的爱才是最重要的，尽可能地进行母乳喂养以及不要太在意孩子会不会尿床也是很重要的。

📢 幼儿期

拥抱和肢体接触仍然很重要。这个时候孩子如果还很喜欢毛毯或是毛绒玩具的话，那也是一种"缺爱症"的表现。越是这样，越要多给他们一些拥抱。

没必要跟3～4岁的孩子解释"卵子"、"精子"之类的词语。

"小朋友是从哪儿来的？"

"当然是妈妈肚子里啦！"

"那怎么出来的呢？"

"在妈妈肚子住10个月就出来了呗！"（讲到这个程度就可以了。）

对5～6岁的孩子，你可以跟他们说："妈妈肚子里有一个小孩住的屋子。时候到了，小朋友自然就从里面出来了。"如果告诉孩子有些小朋友是在妈妈的肚子开一个小口钻出来的话，他一定会问疼不疼。你没必要吓唬他说很疼，这么告诉他就行了："虽然有点疼，但是因为可爱的小宝宝要出来了，所以妈妈完全可以忍受。"

*教会孩子对所爱的人嘘寒问暖也是一种重要的性教育。

第六章 与其说是性教育，还不如称其为爱的教育、人的教育
——性教育达人：南妈妈

我的女儿很内向，所以我经常故意问她一些问题。例如父母可以若无其事地问孩子："我们家的XXX是从哪里来的啊？"像这样用提问的方式诱导孩子张嘴说话。电视里出现孕妇的话，还可以问孩子："那个阿姨为什么会大肚子呢？"不过最好还是等孩子自己开口问。在孩子产生好奇心之前，适当的引导也是有必要的。

● 小学生也需要生命教育。我曾经做过一个有关胎教的纪录片，其中一位有名的僧人说过"最适合接受胎教教育的是小学五年级的学生"。

孩子进入青春期大致在小学五年级左右。他们开始有遗精或是月经初潮，这个年龄段的孩子会容易被"性"迷惑。英国就以小学生为对象开展了一项名为"照顾孩子"的活动。被照顾的对象其实是一个洋娃娃，洋娃娃里放着清单。孩子们轮流把洋娃娃带回家照看。据说这个娃娃一到时间就会喊饿，要给它换尿布，还要抱它。妈妈们把照顾孩子的一系列过程录在了娃娃里，孩子们按照娃娃的要求来做。如果不管娃娃的话，也会被记录下来从而得不到成绩。韩国要是也有这种教育活动就好了。

我们其实可以让小学低年级的孩子在家看鸡蛋，要求他们不能把鸡蛋打破，在家看一个星期。虽然看鸡蛋没有养昆虫或是小狗以及电子宠物那样好玩，但鸡蛋也是一个需要精心照料的东西。其实主要是想通过这个过程给孩子一种照顾生命的感觉。

● 青春期性教育应该怎么进行？

青春期的孩子经常会变。所以我每天都会问自己12遍，这是我的孩子吗？我们不得不尊重孩子的内心独立，让他们关着房门或是自己待着。这个时期的孩子很关注自己的外貌，对异性也十分感兴趣，有时候甚至会互相传阅黄色图片。孩子已经到了什么都知道的年龄，是时候应该把他们当大人看待了。

● 很多家长都觉得难以和青春期的孩子进行沟通。青春期到底是什么？有的父母甚至在孩子读小学高年级时就感到沟通困难。

最好能把青春期看得轻松一些。孩子说自己不舒服，你就应该附和他说："噢！你不舒服啊！"其实那只不过是荷尔蒙在作祟罢了。这个时候妈妈其实挺累的。因为如果孩子喜欢，

小学生性教育应该这么做

➤ 小学低年级

这个时期的孩子比幼年时候更渴望获得具体而又正确的性知识。如果父母觉得不好解释的话，最好可以通过和孩子一起翻阅画册的方式来传授性知识。

童话评论家金西贞老师推荐的《妈妈下蛋了》、《威利你要去哪儿？》、《抠鼻孔的话》都是不错的选择。

➤ 小学高年级

告诉孩子遗精或月经都是正常的生理现象。这个时期的男孩可能为身材矮小或是还没变声而苦恼，女孩则会抱怨自己的生理期来得较晚或是胸部发育不好等。家长有必要提醒他们每个人的生理发育都不一样，无所谓孰优孰劣。

第六章　与其说是性教育，还不如称其为爱的教育、人的教育
——性教育达人：南妈妈

就是凌晨两点也要爬起来同他们谈心。如果他们不高兴的话，还要假装不知道。但是妈妈不可能解决所有的问题，妈妈应该让孩子看到自己的良苦用心。

"你到底是怎么了？"这句话非常容易说出口。但是我想对刚有自我意识的小孩来说，这句话是很刺耳的。一句"你到底怎么了"反而容易打碎妈妈在孩子心目中的完美形象。

"你也理解一下妈妈吧。我现在在更年期，你是苗壮成长的树苗，妈妈却是逐渐凋零的花朵。妈妈也觉得很累，要学习的东西实在多得让我喘不过气来。我也曾经自己躲在浴室里哭过。"这种开诚布公的谈话很容易触动孩子。"真的吗？原来像魔女一样的妈妈也和我一累啊！我以为只有我自己为了这些事情心力交瘁，没想到妈妈也和我一样啊！"

这个时候，你有必要这么跟孩子说："不过你还是很出色的。妈妈跟你一般大的时候还没你做得好呢。"这样可以让孩子控制住内心的敌对感，从而变得更加心平气和。

● 您说因为小时候和弟弟的差别待遇才特别关注男女平等的问题。那在抚养儿女的时候，您真的有努力平等对待他们吗？

当然努力了啊！我们家从表面上看是没有男女差别的，但事实上我还是会不自觉地更加关注儿子。挺奇怪的吧？其实我也经常进行自我检讨。我曾经那么强烈地向妈妈争取男女平等，但当我自己做了妈妈之后，我却变得和她一模一样。我已然传承了她的理念。当意识到这一点时，我自己也觉得十分震惊。

● 韩国的女性其实非常累。很多女孩都像南老师一样。我虽然也自诩为男女平等论者，但有了儿子之后我的想法又有所变化。我曾经亲眼看见一个女孩揪着我儿子耳朵走了50多米，这让我非常恼火。无论对方是男是女，我绝对无法容忍这种"暴力"行为。但我琢磨了半天之后，又劝自己说："算了算了，不过现在的女孩怎么那么凶啊？"

两性平等当然也应该包括在性教育里。时下的年轻父母可以说是第一批接受两性平等教育的一代，但他们只是在头脑或意识里接受了男女平等的观念，并没有通过实际体验形成平等意识。因为在他们的家庭里仍然是男性地位高于女性。所以这种通过实际体验形成的男尊女卑的思想也会反映到育儿态度上去。虽然当今社会有所改观，老师也在学校里一个劲儿地讲"两性平等"，

发现儿子手淫自慰后，该怎么办呢

有必要装作什么都不知道。如果发现孩子频繁手淫的话，可以跟孩子说："你把卫生纸放你卧室了吧？"或是"我的宝贝儿子最近用卫生纸很费嘛！"最好用这种方式暗示孩子妈妈什么都知道了。有的孩子因为一晚手淫多次而流鼻血。

如果到可以和孩子谈论这个话题的时候，你要告诉他："虽然手淫很正常，但是它会像百米冲刺那样消耗体力。频繁手淫不利于健康，必须让身体有恢复的时间。"

第六章　与其说是性教育，还不如称其为爱的教育、人的教育
　　　　　　　　　　　　　　　　——性教育达人：南妈妈

但是大部分的男孩子只是耳朵听听而已。他们不可能真正理解我讲的故事。这样的孩子长大后谁敢当他的妻子？

● 看看我们现在和怎样的丈夫生活在一起，就知道我们应该如何教育儿子了。

幼儿时期对男孩说"不准哭"，对女孩说"一定要细心"之类的话其实就是两性差别待遇的开端。男孩子也可以哭，男孩子该细心的时候也需要细心。就像女孩有时也需要忍住眼泪，有时也要大大咧咧一样。

■ 真正的两性平等需要让人的两面性（男性面与女性面）均衡发展。美国的里奥纳多·萨克斯博士认为男孩和女孩的头脑发育过程不一样，所以有必要对他们进行区分教育。他举了一个非常有意思的例子，他把卡车玩具给了女孩，洋娃娃给了男孩。结果女孩把卡车抱进了被子睡觉，男孩则对洋娃娃做了攻击性的动作。当然，如果按照西蒙娜·德·波伏瓦（法国著名存在主义作家，女权运动的创始人之一）的观点来看，她也许会反驳说这是由于孩子们已经学会了性别角色而造成的结果。但里奥纳多·萨克斯博士还指出因为男孩大脑里的男性面比女孩大脑里的女性面多得多，所以按照性别区分教育孩子会让他们感到更幸福。

他还举了一个例子。他让男孩和女孩分别来读《简·爱》这本书。女孩一开始就能紧跟着故事梗概，而男孩从听到女人的怪叫声那一节开始阅读也能完全读进去。虽然以上所说的都是一些谨慎的理论，但是像韩国这样因为性别不同就对孩子差别待遇的国家，在21世纪脑科学时代来临之际，的确需要更多地讨论抚养男孩和女孩的问题。我们现在知道的不过是冰山一角而已。

● 您说需要多跟子女或是学生进行模拟对话。具体该怎么做呢？

通常使用的方法主要是想让孩子从更多角度、更加客观的立场来了解"性"。比如说其中就有一项所谓的异性选择教育。

你可以问孩子："如果你交了男（女）朋友却遭到家人反对的话，你该怎么办呢？"这个时候孩子就会意识到：噢！原来还会有这种事啊！（因为大部分孩子都没有意料到自己一辈子还会遇到这种问题）然后你就可以跟他们展开更具体的对话，比如说爸爸妈妈为什么会反对，或者告诉他们父母比较喜欢他（她）和哪种类型的异性交往。当然，最终的决定权还在孩子。但是多进行这样的模拟对话，有助于他们今后能找到更好的异性朋友。

● "你希望自己的男（女）朋友是哪种性格的呢？""妈妈喜欢热心肠的男（女）孩。你呢？"从小问孩子这样的问题也是一个不错的选择。家长可以通过这种方式告诉孩子自己的理想类型。

你说得没错。孩子不断长大，问的内容也应该跟着变化。父母和孩子都需要一个心理准备过程。事实上，因为从来没有聊过相关话题，很多家长都会慌张地发现孩子某天领回家的异性朋友根本就不符合自己的心意。所以父母务必要给孩子植入这么一个观念，那就是大人们是为了你今后选对人才跟你谈这些话题的。

● 您把性问题最终归结为"缺爱症"，这是什么意思呢？

仔细观察有性问题的孩子，你会发现他们大部分都患有"缺爱症"。现在单亲家庭越来越多，有的是夫妻不和，有的是离婚了。不管怎么样，只要孩子能从父母的任意一方获得爱就不会有问题。假如孩子被父母完全抛弃的话，那就不太好办了。

如果孩子不能从父母那儿获得足够的爱，那他就会想找异性填补情感空虚。因为被爱是人的本能，所以性教育说不定也应该从给予足够的爱做起。总之，"缺爱症"是一切问题的根源。

● 我再一次意识到不是只要学习就能一劳永逸。

从广义上来讲，让孩子制订人生规划图或是周期表也算是一种性教育。也就是让他们计划一下几岁上什么学校，几岁毕业，是不是要继续读书，什么时候结婚，什么时候生孩子等。要让他们认识到"选择和责任是相辅相成的"。家长应该和孩子一起接受性格或心态测试，让孩子掌握有关父母的客观信息。通过测试还可以知道父母和孩子哪些地方相同，哪些地方不同。要让孩子逐渐理解因为彼此不同，所以出现沟通障碍也是很正常的事情。我的女儿每两年就会接受一次类似于MBTI（职业性格测试）的心理测试，结果显示她的性格正在逐渐变化。她很高兴看到自己的这些变化，觉得这一切实在太神奇了。

● 我觉得沟通和建立关系也是性教育的一部分，父母该如何帮助孩子呢？

应该教会孩子如何与人沟通。妈妈们要注意了，时下有不少妈妈打着"沟通"的旗号过分干涉孩子的生活，这是极其错误的。父母首先应该给予孩子"健康的爱"，孩子才会感知到。应该如何建立关系呢？有人曾做过一个形象的说明。孩子在圆圈内，妈妈在圆圈外。当孩子有需要时，妈妈千万不能跳进圈内，只要抓住孩子伸出来的手就行了。

可以由爸爸来进行的性教育

🖊 对青春期的儿子

比起妈妈，由爸爸来跟儿子讲遗精或自慰的事情更为妥当。我们不建议妈妈过于深入地干涉儿子的生活，所以有时假装什么都不知道反倒是一种美德。同样的道理，爸爸最好也假装不知道女儿的生理周期。虽然有些爸爸会在女儿第一次来月经的时候送上鲜花和蛋糕表示祝贺，但是也有的孩子会反感这种做法。

可以站在同性的立场上对儿子说："我也会有那样的时候，你呢？"或者"我们需要学会克制。如果不懂克制的话，就会被女士们嘲笑是动物。爸爸每次有那种想法的时候，就会运动或是冲凉。"（像这样告诉孩子一些克制的方法）爸爸还可以教儿子手淫之后如何善后或是怎么使用安全套等知识。

🖊 对青春期的女儿

爸爸可以让女儿知道"男性的特点"。例如，很自然地对她说："根据爸爸上学时候的经验来说，有的时候趴着睡午觉就会勃起。这是男性荷尔蒙引起正常生理反应，不是因为想色情的东西才那样的。"

上体育课时，很多男生都会因为趴着而勃起。能让女儿认识到这是正常的生理现象已经算是很成功的了。告诉女儿男生们都有哪些类型或是性格，在她们以后选择异性时会有很大的帮助。

第六章　与其说是性教育，还不如称其为爱的教育、人的教育
——性教育达人：南妈妈

■ 加入德国籍的李参在节目结束之后曾对我说：

"韩国的妈妈们在孩子3岁之前都是非常优秀的。又抱又背，还给他们喂饭、穿衣，总之要有多体贴就有多体贴。虽然妈妈们这么做很辛苦，但这个过程对孩子来说是幸福的。不过当孩子长大的时候，妈妈就应该适当把他们放开了。然而很多韩国的妈妈还是把孩子紧紧搂在怀里。其实这样对彼此都不好。"

过了3岁之后，孩子就应该跳出妈妈的怀抱，去找小朋友玩，去接触世界。父母应该视孩子的情况（内向的孩子可以晚点，精力旺盛的孩子可以早点）让他们学会"自立"以及"融入到别人中去"。妈妈也要在孩子成才的过程中改变自己，要学会放手，能少说就尽量少说。千万不要等孩子上了大学才猛地松开手，因为那个时候说什么都晚了。

● 父母怎样才能成为性教育达人？

首先应该从自我反省开始做起。由于工作原因，我可以不断进行自我反省，我有机会去了解自己的家庭和我的性格。妈妈们如果也能接受到这种教育，那就最好不过了。如果没有这种机会，那么和关系不错的邻居妈妈们边聊边学习是一个不错的选择。分享或是讨论一本好书也是极其必要的，和周围的人探讨一下"我对性的理解是什么？我为什么会这么理解？"通过相互交流可以检验自己的理解是否正确。

小时候和某个男孩接吻时，我就有过性冲动。是不是大家都有这样的感觉呢？其实现在可以讨论这样的性经验话题。如果有可能的话，我以后想和妈妈们一起创立一个性教育学习团

222

体，那样我们就可以轻松地谈论与性相关的问题。

● 请用一句话概括什么是正确的性教育。

要尽可能地帮助孩子在真正面对性的时候可以作出正确的选择和判断。另外还有一点就是应该分阶段地进行性教育以及接受性教育。

真正的性教育不是在未成年的时候学学就结束了。对马上要结婚的人来说，它也是一种预备教育。婚姻生活不意味着太太要穿着围裙满脸堆笑地迎接丈夫，或是每天早上把吐司和咖啡端到床头。只有一辈子都可以接受的性教育（诸如怎么跟配偶对话和交流意见，了解中年荷尔蒙变化会引起哪些性生活变化以及老年人如何过性生活等）才称得上是正确及必要的性教育。

■ 按照她的观点来说，父母也是应该一直接受性教育的对象。我们现在也还在接受教育，自己都没学好的话，就更不要提把孩子教好了。所以性教育就逐渐变成了很难的东西。

我在整理这篇文章的时候，碰巧在电视上看到了歌手白智英的访谈。我非常喜欢她，她不仅歌唱得好，生活得也很洒脱。看了这个节目之后，我就更加欣赏她了。其中关于她爸爸的故事让我印象最为深刻。

"绯闻传开以后，我有两周都没有回家。当我再次见到爸爸时，他第一句话就是：'你受苦了。'我当时非常感动……"

爸爸既没有要跟她断绝关系，也没有对她不闻不问。他紧紧守护着女儿不让她再受到伤害，父女俩共同进退。他一边照顾着女儿，一边默默地向公司递交了辞呈。但上司驳回了他的请求，并且很有风度地对他说："这件事不是你的错，也不是你女儿的错。错在我们。"

当女儿经过蛰伏6年之后再次登上歌坛巅峰的时候，爸爸只是用手机发来了三个字："太棒了！"

大家都向白智英的爸爸学习吧。当邻居妈妈们为了孩子的性教育而苦恼时，希望你也能像那个上司一样给予她们适当的安慰。我想这一步也应该是我们性教育的终极目标。

对青春期孩子父母有用的资料

《朱诺》

这是一部讲述一个15岁少女怀孕之后，她的父母以及周围的大人们如何处理这件事的电影。它让人深刻体会到父母对孩子进行的性教育不应该只停留在生殖器和受精的初级水平。

《咖啡王子一号店》

这部电视剧最大贡献在于它让人们懂得了：即使男女双方的想法不一样也是可以沟通的。本剧出现的男人们没有一个像马超（三国时期的帅哥）那样气度不凡的。他们一直都在思考："女人为什么不懂我的心？我应该怎么去了解她？"

女主角失恋的时候，妈妈对她的态度也很值得回味。每当她把擦眼泪的纸巾扔得到处都是的时候，妈妈都会默默地把纸团捡起来，把饭菜端给她就出去了。妈妈也没有说"哭什么哭！世上就他一个男的吗？分手了反而好！"这类的话。她知道女儿自己可以解决问题，所以只是在她身旁默默守候着。总之，这部电视剧有很多值得看的地方。

父母也要自我解放

我的儿子很喜欢昆虫，甚至到了痴迷的程度。从他嘴里说出来的话十有八九都是和昆虫有关的，有时他还会以昆虫的生活方式来思考所有的事情。一年级的时候，有一次他去一个同学家玩，回来后对我说："妈妈，我今天和庆修还有艺珍一起玩了'配对'游戏。"什么？我没听错吧？虽然其中一个是男孩，但另外一个可是个女孩啊！我的心跳立马加速。

"'配对游戏'是怎么个玩法？"

"哦，就像锹形虫争夺配偶那样，雄虫先比力气。谁赢谁就可以占有雌虫了啊！"

"占有？怎么占有？"

"雌虫趴着的话，雄虫就可以像这样耷拉着双臂骑在它背上呗！"

我先回房给女孩的妈妈打了电话。待我把事情的经过一五一十地告诉她之后，她笑说就算我不说，她也正好看到了女儿日记里写的内容。（日记写道："雄虫们打架的时候，我在一旁假装睡午觉。赢了的那只把双臂放在我背上……"）"真对不起，让您生气了吧？我回头会好好教育他的。下次绝对不会再发生这种事情了。"我颤抖着声音恳请她的原谅。可能是信得过我和我儿子的为人，女孩的妈妈大方地说："没关系。孩子们可能也就是觉得好玩罢了。"她的理解让我由衷

225

地感谢。

虽然我一次又一次地训斥着孩子，但我还是很担心他下次再犯同样的错误。儿子满脸抱歉地对我说："妈妈，真的很对不起。我再也不玩那种游戏了。"我突然意识到：就算我再怎么懂性教育，遇到这种情况时也还是会很慌，不知道该怎么处理才好。

我抱着儿子，向他道歉说："妈妈刚才说得有点重了吧？我是担心你的朋友会难过才那么讲的。"但我也补充了一句："不是占有就可以获得异性青睐的。你需要抓住她的心，懂得如何照顾她才可以。"

其实我的反应似乎有些过激，孩子们只不过玩了一个游戏而已。我想这可能跟我的两次个人经历有关。

小时候我曾经被邻家哥哥轻微性骚扰过一次，我当时非常生气和害怕。其实他只不过摸了一下我的下体而已，但我一直担心会怀孕。当我听到儿子的事情之后，这段不愉快的记忆好像又重新跑了出来。

也许有很多父母也像我一样有过类似的不快经历。一旦隐藏在内心深处的某个秘密被曝光之后，就需要重新整理思绪以及自我安慰。

"不是你的错。"这句话不光是孩子需要，我们做父母的也需要。我们应该带着这种想法面对子女的性教育问题。

另一件事情发生在上大学那会儿。我们文科大学里有一个非常受女生欢迎的师哥。某一天，我们一群人跑去喝酒，之后我就什么都不知道了。等我醒来的时候，我发现自己和那个师哥正并排睡在旅馆的床上，我的酒劲一下子全被吓没了。一个现实的问题摆在我面前。

我爱他吗？我是不是只是被他迷住了而已？他爱我吗？他是不是只是借着酒劲才跑到这里的？如果是那样的话，我绝对不允许自己和他躺在一张床上。

我立马爬了起来，冷静地对他说："我好像喜欢上了你，但那好像不是爱。我不会把自己的第一次奉献给不爱的人。"说完就开门出去了。

踩着雪走在冬天的巷子里，我接连对自己说了好几次："做得好！做得好！"因为我真的很高兴自己没有被昨晚的事情而迷惑。

这两个小插曲不知不觉地影响到了我对孩子进行的性教育，我跟他说"要抓住女孩的心"可能也是有感而发吧。儿子现在才读小学一年级，他只不过无意识地记住了自然书上常出现的"争夺配偶"一词而已，我干吗在那儿装酷说"要抓住女孩的心"……

不管怎样，通过这件事情我发现斯文的儿子其实也是可以做性模拟游戏的。那孩子又记住了什么呢？是妈妈对"配对"游戏的过敏反应，还是那句帅气十足的教训——"异性不是占有来的，要抓住女孩的心"？

我要学习之
南妈妈
的优点

1. 清晰明确的沟通方法。

南妈妈说"要经常跟孩子讲家长给予了他什么",也就是清晰明确地告诉孩子"我把自己生活中的一部分给你了"。

早上6点半爬起来给孩子做了早餐,但她却因为要迟到了而不想吃。每当这个时候,我都会对她说:"妈妈是因为爱你才给你做的早餐。我也很困很不容易,辛苦做的饭你一口都不吃,我会多伤心啊!你也不希望妈妈难受吧?"南花爱说:"孩子虽然有时会觉得妈妈用番茄酱在早点上画一个爱心很莫名其妙,但她还是会很感激地把早点吃下去。"

她有时还会跟孩子讲:

"如果你有什么想要的,就明确地告诉我。妈妈也有不会做的东西,如果你跟我说了,我还能改正或去学着做。但如果你不说,妈妈就只能自己看着办了。"

2. 坦然的性格。

虽然为没有在孩子小的时候亲自照顾他们而深感内疚,但她却并不因此会有负罪感。她自我安慰说自己是在用辛勤的工作代替妈妈的天职。话又说回来,妈妈也不是去单位玩的啊。

即便如此，需要工作的妈妈们大多数时候还是无法坦然面对自己的孩子。听听南花爱是怎么说的。

"我不会因为你是我的孩子就无条件支援你。如果你觉得妈妈没有照顾好你或是没有用，那我大可以把你现在的一切都收回来。"她斩钉截铁地说道。

"那些认为父母有钱，自己就可以喝酒、浪费之类的孩子都是糊涂虫。我是绝对不能接受这种想法的。所以有时在别人眼里我反倒是个很另类、很冷漠的妈妈。现在很多孩子都把父母当成印钞机，想要什么就是什么。这么下去可不行。"

有时孩子也为因为她的性格会生她的气："你以为世界上的人都和妈妈一样吗？"每每这时，她就会不甘示弱地反驳道："是啊！等你们进入社会了，你们就知道能遇到我这样的妈妈是件多么幸运的事情。无论碰到什么样的前辈或是上司，你们都可以应付自如。"

她主张"为了孩子的健康成长，妈妈就应该很坦然地面对一切"。她认为那种老是在孩子面前战战兢兢或是只知道说抱歉的妈妈不是合格的人生启蒙老师。

"我好像经常会把力量集中到自己身上。做妈妈如果没有爱心的话，那么过程也会是非常痛苦和艰辛的。很多时候一想到自己的时间和热情都被孩子占据之后，我会觉得更累。孩子的立场正好和妈妈相反，他们会对妈妈有某种期待或依赖。但是我没法做到这一点，我不想费力气去做自己不会做的事情，所以我只能多利用自己擅长做的东西。当孩子进入青春期时，也就是需要懂得"如何自立"或是对"性产生好奇"的时候，才是真正发挥自我能力的时候。我要用这个武器一决胜负。我是性教育专家，孩子应该会听我的话。如果不听话，那我就放弃？"

每当她问："咱们家谁最可怜啊？"

女儿就会答："妈妈是最可怜的人。"

"为什么呢？"

"因为妈妈要工作，要照顾整个家庭，要侍奉奶奶，还要照顾我们。"

这就是反复教育的结果。

她还强调父母应该告诉孩子："大人也是需要子女安慰的对象。爱的表现是双方面的。"

3. 明确地告诉孩子为什么要好好学习。

对于为什么要上大学，她也明确地告诉孩子说：

"你想成为怎样的人呢？通常大家都希望自己能成为可以帮助别人的人。如果想实现这个愿望，你首先得有份好工作才行。因为只有这样你才能挣得多，才能帮助更多的人。如果你连自己的人生都管不好，那你就成了需要别人帮助的人了。那样你非但没有帮助别人，反而给社会带来了负担。如果你不想成为这种人的话，那就好好学习。"

虽然自己挣得不多，但是她一直都在支持联合国儿童基金会（UNICEF）和国际特赦组织（AI）的相关工作。她还把这些机构的宗旨告诉了孩子。

"你也需要关注这些组织，关心那些受苦受难的孩子，知道什么是人权。虽然现在帮不上什么忙，但还是希望你长大以后能怀揣爱心去支援他们。你现在还是个学生，好好学习就是为社会作贡献。学得好的话，你也可以成为帮助别人的人。"

　　听了她的故事，我也下定了决心。

　　其实在婚前以及刚刚结婚的时候，我们夫妻俩也去过一些社会福利机构做过义工。后来因为有了孩子，所以也就没有继续。现在孩子已经大了，我们也可以重新开始去做这些事情了，是时候付诸行动来给孩子做榜样了。

第六章　与其说是性教育，还不如称其为爱的教育、人的教育

—— 性教育达人：南妈妈

南妈妈的小贴士

1. 请不要把性教育和人生教育割裂开来对待。

人生教育里包含着爱的教育。性教育是终身的，千万不要认为只要在孩子幼儿期和青春期时各讲一次就万事大吉了。

2. 性教育应该简单明了。

只需要给孩子解释他们好奇的部分就可以了，不宜讲得过多。

3. 请父母都参与到性教育中来。

爸爸可以负责的性教育也不少，这花不了你多长时间。只要有爱心的话，你会发现可讲的话题还是挺多的。

4. 请多关心一下外国的儿童以及他们的家庭状况。

虽然时代在不断进步，但还是有很多人在受苦受难。父母们应该以身作则地向孩子传达这样一个信息，那就是所有不幸的人都需要我们去关心和尊重。

5. 父母也需要自我反省。

买本好书，一边读一边和别人讨论。在这个过程中反省自己的性观念，向性教育达人们学习如何迈出第一步。

尾 声（郑在恩的故事）

讲坛知识+生活智慧

《维基百科》真是越看越神奇。和那些知识渊博的专家所创造出来的字典不同，《维基百科》是由众人的知识和想法积累而成的，里面的内容既新颖又神奇。也许正因为如此，我们生活的这个时代才被称做"智囊团时代"吧。

本书可以说是育儿知识版的"维基百科"，讲述的不是专家给出的育儿信息，而是周围所有妈妈的生活智慧，这就好比大家在集体创作一样。对于如何同孩子建立幸福关系一题上，"参赛级"妈妈们是八仙过海，各显神通。

在韩国教育电视台做育儿节目期间，我从专家那里，更多是从普通的父母那里，看到了智慧的光芒。从那时起，我就想将那些妈妈闪光的智慧，以及身边唾手可得的育儿信息整理成集。

育儿，实则是一项创造性工作。时而科学，时而宗教，时而技术，时而艺术。说白了就是没有完全一样的。

世界上有着形形色色的妈妈和孩子。要解开他们之间的关系这件事本身，就近似于一件创造性的艺术工作。如果想摸清

233

韩国在育儿方面的实际情况的话，也许今后还要接触数十名，甚至数百名妈妈，悉数倾听她们的育儿方法。

在采访这些妈妈的过程中，我得从不同角度去审视过去的10年间所掌握的那些育儿知识。我欣赏的亚洲学者赵永宪曾经说过一句话："如果说专家的知识是讲坛上的，那么达人妈妈们拥有的就是生活的智慧。"

接下来要讲的是我综合了讲坛的知识和生活的智慧总结出来的五点育儿方法。为了便于理解，也附上我的一点育儿经验谈。

每天至少在孩子身上花1小时

父母特别是妈妈，是能够给孩子提供安全感的客观存在。有一种恐怖的观点认为：在婴幼儿时期，孩子会通过妈妈的态度来判断这个世界是否值得信赖。（唉！到底想让我们怎样啊？）那种所谓"对孩子来说，妈妈的存在是绝对的"的说法，有时我还真不太能恭维。有的妈妈甚至控诉说自己快要窒息了。

37岁那年，我在伴有遗传病和Rh（-）血型的情况下当上了妈妈。我的丈夫当时39岁。在育婴室里为刚出生的孩子换尿布时，小家伙喷到他脸上的一泡尿让他很开心。每每谈及此事时他都笑逐颜开，一副很享受的样子。对上了年纪的我俩来说，孩子的降生是神奇而又值得感激的。然而如果我是在20几岁的时候生下孩子的话，孩子对我们来说还会是一个深邃而又美丽的存在吗？答案似乎是否定的。在那个年龄，一个人活着都很吃力，更何况还有个孩子。这样岂不是会累得个半死？特别是要上班的妈妈，大部分时间都不在孩子身边，虽然她们也会想念孩子，不过相对于那些一天24小时都守在孩子身边的全职主妇来说，她们和孩子相处的时间简直是少得可怜。连一刻钟都抽不出来，这种情况本身就是一种令人喘不过气来的束缚。若非如此，怎么会有"母爱是人类终身的殖民地"这样的话呢？

从妈妈的立场上看，她们并不喜欢一直守着自己的孩子。但是，不管这句话是不是真的，观察现如今的孩子，你会发现他们的确没有享受过太多"和妈妈在一起的幸福时光"。根据非正式统计，半数左右的妈妈拥有自己的工作，她们的孩子都去了托儿所。没工作的妈妈们也没有闲着，不是做着没完没了的"家务活儿"，就是为了自我发展或者参与兴趣活动而忙活着。她们的孩子也被送到了托儿所。大家都是如此。

问题是妈妈们下班回到家，到底会有多少时间陪孩子呢？全职妈妈们除了一天到晚地做家务和进行自我发展之外，又会有多少时间陪孩子呢？我们小时候没有看见妈妈的话，就会常说：

"放学以后看到妈妈不在家的话，我会很失落。"

而现如今的孩子们又是怎样说的呢？

"忙着去学校（托儿所）和辅导班（文化中心），根本没有时间见妈妈。妈妈也忙，我也很忙。"大致是这样的吧？

手机怎么总是在响？要随时看短信，回短信。即便坐在孩子身边，我们也总是为这为那忙着。事情远不止这些吧？要查收邮件，还要了解各类信息。只要坐在电脑面前，一待就是30分钟，甚至1小时以上。现在还有哪个妈妈为了打发时间而看电视？孩子与妈妈相向而坐，认真打量对方的时间变得越来越少。

据美国一项调查结果显示，儿童每天与父母对话的时间平均只有1分钟。现代的父母们每天都嚷嚷着"忙啊忙"，当然我不否定这些事情都是为了给子女创造更好的条件而做的，但孩子眼下更想得到的却是父母的关爱。结果问题又回到了原点，我们到底是为什么而忙碌呢？

有一位上班族妈妈曾经这样说道：

"有一次我的孩子请假和我待在一起，可能是怕我会无聊吧。但是我们事先没有约好要去干吗，也没有什么可看的演出。那天又在下雨，我们也不能出去玩。结果我们就这样无所事事地浪费了一天。我在想这样打发时间到底有什么意义？"

虽然妈妈说过得很无聊，但是我想孩子那天一定很高兴。即便什么都不做，只是躺在妈妈身边又或是光着脚无聊地蹭着地板，已经很让他们满足了。这就是妈妈的力量，这种"妈妈制造"的安全感会让孩子觉得很舒服。

现代的妈妈们并不懂得给予孩子们这种锅巴似的爱。她们认为清水般的爱不是爱，只有像鸡尾酒一样散发着晶莹剔透光芒的爱才是爱。我曾经和作为英语教育家而闻名的松光妈妈开过一个"在你的眼里，我还是一个妈妈吗？"的玩笑。

妈妈与孩子同时乘坐电梯。妈妈突然问道：

"在你的眼里，我是谁？"

"不是妈妈吗？还能是谁……"

"在你的眼里，我还是一个妈妈吗？我不是你的妈妈，而是你的老师吧？"

这个时代的人常说"温柔的妈妈没有用"。诚然，妈妈需要变得聪明。但这要求妈妈正确地理解教育的本质及方向，给予孩子与其发育年龄相符的爱等。也就是说需要通过学习来变聪明，而不是像培养经理一样去管理孩子，也不是像专业讲师一样去教什么。本意并不是这个。

冲动、散漫、不懂得自我调节、总是从背后放冷箭的孩子正在逐渐增加。究其原因或许正是因为他们得不到爱，又或是很难得到以前的那种爱所造成的。生命的质量只有在像泉水一般清澈，像秋风一般清爽，像深山一样幽静的空气中才可能得到提高。我们的孩子变得焦躁不安，这难道不是因为妈妈们的关系吗？

妈妈的爱不是清水，而是矿泉水。很多孩子都渴望得到这瓶"矿泉水"。想想我们一天有多少时间和孩子相处吧！千万不要忘记，和妈妈一起度过的幸福时光是孩子接受"光合作用"的最佳时间。

和孩子们在一起时，该做什么呢？

喜欢游戏的李妈妈陪东东玩数学游戏和体验博物馆；喜欢美术的崔妈妈和两个孩子一起玩简单的美术游戏；搞英语教育

的张妈妈认真为孩子读书；主张健康至上的蔡仁淑女士一有时间就教两个孩子做简单的菜肴。

难道只有这些吗？在生态基地工作的朴妈妈陪女儿一起去树林深处的小溪边，像印第安人一样玩耍；性教育老师南花爱女士也待孩子长到一定年龄时跟孩子们进行了相关方面的探讨。总之，本书中提及的妈妈们个个都与自己的子女相处得很融洽。

我们当然也可以按照达人妈妈们的方法去做，但是我相信一定还有比这更合适的方法。最好的育儿方法就是去发掘孩子们的兴趣爱好，陪着他们一起做。不要老想着要教会他们什么，哪怕只是嬉笑打闹的游戏也是很有意义的，因为孩子们已经在无形中收获了很多有价值的经验。

如果是低年级的孩子，还可以跟他们深情对话，或者陪他们打羽毛球、乒乓球，实在不行还可以玩抓石子游戏等。在和孩子对话时，孩子说话的时间占70%，妈妈说话的时间占30%左右比较得宜。因为对话的主人公不管到什么地方，始终还是个孩子。妈妈主要是倾听，时而可以穿插自己的意见。如果能够保持这样的平衡，孩子就会信赖妈妈，认真倾听妈妈提出的意见。

关心的微笑、亲切的指点，在一种和谐的氛围下打造母子间的幸福回忆。这一切只需要妈妈们暂时关掉手机，稍微晚点再查收邮件，放下手中的书，每天抽出1小时陪孩子玩就可以实现了。

虽然家长们很关心孩子，但那些关心大部分都是出于教育目的。如今的父母与孩子相处的时间实在是太少了，没有给予孩子真正的"关心"。说不定孩子们正无限渴求着来自于妈妈心底最纯粹的爱。儿时和妈妈一起度过的那些时间给了孩子们最美好的回忆。而那些回忆不光在他们的脑海里，更在他们的灵魂深处留下了深深的烙印。

让孩子看到学习的力量，而不是成绩的力量

坦白地说，在韩国这样一个竞争激烈的社会里，学校成绩是很重要的。因为这既可以增强孩子的自尊心，又可以为他们今后的生活竞争提供一臂之力。所以把如此重要的成绩说成是不重要的，这本身是一种不负责任的态度。

然而，我们难道要为了取得好成绩而硬推着孩子去学习吗？这像话吗？对孩子来说，你越是从后面去推他，他越是会反抗。特别是性格刚毅的孩子，如果到了小学高年级以后，就会直接说"不"。消极的孩子不懂得直接拒绝，他们往往会通过发出各种各样的信号来搅扰妈妈的内心，也就是说虽然在"做"，但没有"认真做"。如果给孩子"生活是艰辛的"、"不做就会出大事儿"这样的危机感的话，会很容易让他们陷入一种无助的境地。事实上，让孩子懂得这些非常不妙。

那么怎么做才对呢？

应该让孩子自己认识到"原来成绩这么重要啊！我要尽

最大的努力才行！""虽然很不容易，但只有这样自己才能发展。也只有这样，才能满足自己的自尊心，才能变成一个优秀的人。为此，我一定要奋发图强。"这就是著名的"自主学习能力"，自主培养学习的能力。

这样的话，给孩子的课题一定不可以太难。比如说让一个不到5岁的孩子一动不动地坐那儿看10多分钟的教育片，或是让他们去解什么数学难题，这样不仅无趣，也会成为一种不幸的体验。一不小心，孩子就可能对学习产生抵触情绪。他们甚至可能会这样想："啊！以后不学习了！以后再也不这样了！"

有的妈妈可能会反驳道："不是吧？我的孩子就能坐那儿看10多分钟影片啊！"我想那大概只是名义上的教育片吧。没准儿每隔30秒就会出现有意思的画面，妈妈又准备了好吃的零食，所以才把孩子吸引住了吧。通过兴趣和刺激来完成学习的孩子，在失去兴趣和刺激的情况下很容易对学习产生排斥情绪。

学习应该像品尝某种东西一样，慢慢地去接受。那是指什么呢？就是说要和自己爱的妈妈一起做某些事情，那时的孩子才是最幸福的。幼儿时期的学习就应该这样，而孩子本身也希望通过这样的方式去了解世界。

本来孩子越大越聪明是最理想的状态。但我们周围却有很多这样的孩子：小学一年级的时候很聪明，随后一点点退步，等到毕业时，已经变得非常平庸了。为什么会出现这种情况呢？希望正处于育儿期的妈妈们好好思考一下。

孩子需要跨过"成绩"这个坎儿，开始"真正的学习"。

孩子的学习应该符合他未来在某方面的发展。和妈妈一起玩数学游戏的东东，还有和妈妈一起学习英语的胜贤就是跨过了成绩障碍，对学习真正产生兴趣的孩子。喜欢美术的崔顺珠女士也并没有要把孩子培养成美术家的想法，她只是想让孩子喜欢画画而已。难道这不就是孩提时代应该接受到的轻松教育吗？

　　我始终把这一点铭记于心。所以我的孩子在上小学二年级下半期之前的几年时间里，没有解过一道数学题，没有答过一张试卷。但这并不代表他一无所获。他在托儿所里学会了如何针织、粘落叶、画水墨画、制作煎饼和时令小吃，以及野外体验等很多东西。

　　英语学习是从小学二年级期末才开始的。实际上，我在孩子4岁的时候才听说了"母亲牌英语学习法"，当时认为应该从小学三年级起开始学。看到胜贤的例子，也曾经产生过从小学一年级就开始的想法。但经过一番观察之后我发现，我的孩子还缺少必要的准备，他的语言能力还远不及胜贤，于是我暂时放了放。我想一定不能因为勉强开始，让孩子对英语产生厌恶感。我一点动静都没有，最后还是孩子自己问我说：

　　"妈妈！别的小朋友都已经在学英语了，我是不是也应该学了啊？"

　　我不知道他为什么会这么讲，也许是不懂如何发音，也不知道什么one、two、three而感到丢脸了吧？总之，太棒了！孩子终于自己说出了这句我期待已久的话。从二年级寒假开始，孩子慢慢接触到了英语，假期也断断续续地学了一阵儿。等到他上三年级的时候，他对英语已经产生了浓厚的兴趣。

我本来想严格遵守"母亲牌英语学习法"的原则。然而我深知每个孩子的起点都不一样。胜贤可以在一年级就对英语产生兴趣并能看进去原声电影，但我的孩子却做不到，这一点我和我的孩子都很清楚。我们知道最适合自己的时间应该是在三年级。如果不是脑子清醒的话，是很难认识到这点的。我没对孩子进行额外的学科教育，因为他已经开始按照"母亲牌英语学习法"学习英语了。另外我也清楚深入到学习当中是需要时间和精力的。

在韩国的教育现实下，学业修行能力非常重要，所以我们都这么做吧：在孩子还很小的时候，不教他们认字而是让他们通过游戏获得知识。小学低年级的时候，通过读书、写日记、玩数学游戏给孩子打下坚实的读、写以及算术的基础。高年级时，通过掌握读书、做笔记以及建立错题集等方法，养成集中精力学习的习惯。

孩子应该踏上这样的轨道，这是掌握"自主学习"节奏的要领。如果在这个过程中出现了"要成绩"还是"要学习"这样的"选择题"时，一定记住要选择学习。只有这样，孩子才能真正地为自己的未来作准备。

告诉他们网络的重要性

　　周游世界做育儿咨询的美国密歇根理工大学前教授崔成爱博士告诉了我们很多之前提到过的全球化育儿知识。其中有一点就是"独生子女至少需要建立50人左右的人际关系网"。

　　在数字化社会的今天，网络具有十分重要的意义。简单说来，就是可以帮助我们实现优质生活的关系网。对于"人小鬼大"，同时又十分"孤独"的独生子女来说，这是很必要的。若想搭建这种关系网的话，妈妈也好，孩子也罢，一定要好好学习如何建立民主关系。到孩子10岁的时候，特别是父母，要打开心扉与周围建立起良好的关系，增进与周围人群的深厚友谊。在11岁到20岁这段时间，父母最好紧跟着孩子建立的人际关系网。

　　作为家长的我，最初建立起来的人际关系网是从照顾孩子的邻家大姐开始的。大姐家有两个大学生女儿、一个中学生儿子，她非常喜欢孩子。遇到她和她的家庭，对我和孩子来说无疑是一件非常幸运的事。她的两个女儿就像对待自己的孩子一样疼爱我的孩子。对孩子来说，就好像突然多了三个妈妈一样。带孩子去她们家的时候，老远就会听到她们的欢迎声："哇，我们的小家伙（小家伙是她们一家人对我孩子的爱称）来啦！"

　　孩子看见大人们出来欢迎自己，显得非常兴奋。也多亏了这样，我才能轻松地和孩子挥手告别。有一天我突然想起这件事说："孩子小时候，我怎么会有那么多愚蠢的想法呢？"丈夫和我都属于安静型，而邻居大姐家却很热闹，这完全是两种完全不同的体验，这样会不会给孩子的情感成长造成混乱呢？现在想想，当时真是多虑了。

我那时刚开始做育儿节目，还是一个新手妈妈。当时儿童成长专家金秀研无意中的一句话消除了我长久以来的顾虑。"哎哟，我说郑大作家，孩子在家里只知道学习，去了别人家就知道玩了啊！这样很好呀，你怎么就想不通呢？"听了她这番话，我一下子就释然了。原来如此！孩子不能从头至尾都由我来带。我给予不了的东西，孩子是可以在外面得到的。

那家的大女儿现在是小学教师，我的孩子亲切地叫她"秀静姐姐"，她是我孩子学习上坚实的后盾。二女儿"秀昱姐姐"如今在国外短期留学，她为我的孩子订阅了一年的《狗蛋的乐园》杂志，还在自己的迷你小窝（CYWORLD）上传了我家孩子的照片，俨然把他当成自己的孩子一样，真是一位可爱的姐姐。现在是大学生的"东润哥哥"把自己收到的压岁钱统统给了我家的孩子，是一个很热心的哥哥。我家的独生子能有这样的人际关系网，是多么令人欣慰的一件事啊！

孩子称呼他们一家人为阿爸、阿妈、阿姐、阿润哥哥。可是为什么称呼前面都要加上一个"阿"字呢？他们之间并没有真正的血缘关系，难道这是孩子带有的某种家人情结吗？不管怎么说，我真的很感激这一家人。

在孩子40个月的时候，我把孩子送到了幼儿园，在这里，我与孩子建立起我们的第二个重要的人际关系网。

在集体育儿教育模式下，我们到底学到了什么？那就是共同体精神。说实话，对自私的城市人来说，所谓的共同体，很多情况下只是连一个成员的需求都无法满足的荒唐东西而已。就如同建造一口公共水井一样，开始的时候，大部分人都希望按照净水器饮水的标准来建造公共水井。但是奇怪的是，在花了很多钱、投入了很多精力和热情之后，人们突然发现井里的水可能还不如花钱买来的桶装水喝得舒服。在这个过程中，去掉多余的，补上不足的，会有碰撞，也会有收获。也许你会感到疲惫，然而一旦挺过去了，你会发现其中的关系非常令人回味。

生活中充满了理想，然而我们手中抓住的现实却和理想大相径庭。然而，这种悖反却令我成长。因为我认识到这不是世界给予我们的，而是我们集体去创造的，所以这种认识显得尤为珍贵。现实原本就是小于理想的，没有什么外在可言的东西。我想这就是我学到的东西吧。

之后不管我去了什么地方，这些经验一直给我提供着前进的动力。我们不能只想着自己，要想着"我们"。我逐渐发现，不管在什么地方，我都习惯说这样的话。在做共同育儿教育节目的这段时间里，我觉得最大的收获莫过于我的孩子交到了许多朋友。他们时常会三三两两地聚在一起，时间长了我发现孩子身边多了很多兄弟姐妹。这是一种极好的经验，是一种幸福的人际关系网络。

孩子上了小学以后，我和孩子同班同学的妈妈们关系好得跟亲姐妹一样。我们时不时地去这家那家串门闲话家常，当然，因为我要工作，所以一周只能抽时间参加一次。正是这种体验，增加了我对学校的亲切感。如果在小学一年级的时候，能够适应这样的环境的话，家长也好，孩子也好，即使说要去学校也不会感到紧张。

　　担任学校运营委员的两年时间里，我也很幸运地建立了一部分人际关系网。在做教育节目过程中，我曾呼吁一些妈妈参与到学校运营的工作中去。为了对自己说过的话负责，我自己也加入了学校运营委员会，虽然这样做无疑加重了我的繁忙程度，但是在那里我遇到了一些不错的学生父母。我们就如何能让学校与地方社会变得更加健康进行了讨论。其间我们学习并分享了很多东西。到了学校之后，我还近距离地了解了老师们的苦衷。这对我理解孩子的教育环境来说是一种很好的经历。

　　如果急于托人照看一下放学后的孩子的话，我至少能想起十几个家庭。若是有急事，能够痛快地答应帮忙带一天孩子的也有六七个。在一个举步维艰的城市里生活，我并不感到孤独，我的孩子也一样。他一有时间就跟朋友联系，每天抽出1小时以上去公园玩。如果A去了培训学校，那么就叫上B；如果B去学钢琴的话，就打电话给C……总有一个朋友会有时间的。转上一圈能够叫出来的朋友还是有五六个人的。所以说我的孩子并非是整天沉浸在孤独中的独生子女。对他来说，这些好朋友真是值得感谢的。

到了周末的时候，我偶尔也会招待一下孩子的朋友们。请他们吃饭，带他们去公园玩。这比两个人玩有意思多了。我也努力抽时间尽量多与邻居妈妈们一起见面喝茶。我们有时也会与孩子们以及他们的妈妈们一起去郊游，或者去图书馆之类的地方。因为我想只有多拜访、多交流、多帮忙、多关心、多问，"关系"才可能变得更广。也许有人会说，这样很累吧？答案是肯定的。但是如果讨厌这种疲劳感的话，那么这种关系也许从一开始就不会萌芽。

等孩子进入青春期，从少年转为成年时，孩子的人际关系网会越来越大。到了那时，我们就该顺应他的关系网走了。所以在孩子成年之前，最好是先建立父母的，然后再建立孩子的人际关系。

虽然我不可能给孩子生弟弟妹妹了，但我还是希望他能有很多朋友。如果我能关心爱护邻居家的孩子的话，他们反过来也会像哥哥姐姐一样好好照顾我的孩子。因此，我总是努力向邻家的妈妈和孩子们敞开心扉。爱，本来就不应该只是我和孩子两个人的事情。与邻居的和睦相处可以让爱变得更加丰富。

培养孩子的自我疗伤能力

有人曾对哈佛大学的数百名学生毕业以后的生活进行了跟踪调查，并分析了他们成功的原因。这个空前绝后的研究项目名叫 "Grant Study"。

这是一项对具备成功条件的268名哈佛大学毕业生们毕业后60年的生活进行全程跟踪调查的研究。调查结果显示：毕业生中的30%过着成功的生活，30%过着失败的生活，余下的40%则过着平凡的生活。

　　"为什么同是哈佛大学毕业的人，有的很成功，有的却生活惨淡呢？"这是因为每个人的精神力都不尽相同。成功的关键在于精神力，而不是智力和财力。

　　和能力相比，耐力更为重要。只有不怕艰难险阻，敢于迎接挑战的人，才能取得最终的胜利。这项研究告诉我们，人生中永不言弃的精神是非常重要的！

　　然而，并非有了自信就可以过得好。除了自信，还要有克服困难的忍耐力，以及运用自己的知识和智慧解决问题的能力等。只有同时具备了这些条件，才可能获得成功。当取得这样的成就时，孩子的"毫无根据的自信感"才能转换成"真正的自豪感"。

　　"任何人都有优缺点，况且我还小，还有许多不成熟的地方。即使这样，我还是一个不错的孩子。无论是父母，还是老师、朋友，以及周围的人都觉得我还挺好的。我不足的地方会在成长中逐渐得到弥补。我可以做到。为什么？因为我是个不错的孩子。"

　　如果孩子在幼年时期就能拥有这样的自我认同感就好了。因为只有这样，他们长大了才能成为一个堂堂正正的人。

生孩子的时候，我感到非常恐惧。也许因为是高龄产妇，又是难产，所以我比一般人更为焦躁。我似乎有一种要将孩子保护到底的强迫观念。听到那些生下了孩子自己却早早远离人世的妈妈的故事时，泪水模糊了我的视线，我快要窒息了。每当想到这些，我就会精神恍惚，整个人变得有气无力。

现在的我感觉很好。虽然还是要一如既往地照顾和保护孩子，但我不会像刚开始那样紧张了，整个人也轻松了许多。首先我们要自我肯定，同时肯定孩子，看到孩子内在的品质。我了解到，孩子在受到伤害、经历苦难之后，内心会产生免疫力。每个人出生后都具备这样的自我疗伤能力。而我能提供给孩子最完美的保护方法就是尽量帮助他更好地发挥这种能力，还有就是信任。如果将孩子托付给一个自己信得过的人，我相信即使在我看不到的地方，他也会保护我的孩子。这种信任会让人觉得很安全。

孩子应该培养自我疗伤的能力。学会如何在为自己祈祷的妈妈身边进行祷告，对自己有着莫大的帮助。祈祷是一种在遇到困难和处于逆境时，教我们如何安慰自己，如何重新站立起来的有效生活方式。信仰各有不同，这里就不多说了。不管有什么样的信仰，作为孩子的妈妈，最好能够从物质的角度、人的角度，以及灵魂的角度全面出发去抚养自己的孩子。不管是在教堂还是在寺庙，一个懂得祈祷的父母，本身就拥有一笔巨大的财富。

然而，祈祷的抽象性有时很难对孩子起作用。对一个孩子来说，他既需要抽象的力量，也需要具体的力量。不过具体的力量能起到什么作用呢？

我经常拿成功克服困难的人举例。虽然传记里的人物很有启发意义，但是与自己同时代的、相对较近的人物往往更令人印象深刻。金妍儿、朴泰桓，以及韩国国家棒球队的球手们，他们就是我口中的例子。

金妍儿在花样滑冰的比赛中，虽然重重地摔倒在了冰面上，但她还是迅速站了起来，以近乎完美的姿态完成了剩余动作。这个画面，我陪孩子看了无数遍。我感叹不已："哇，摔倒的时候多疼啊？多丢人啊？不过一直这样想的话，剩余的动作便不可能完成得这么漂亮。金妍儿最令人敬佩的一点就是快速忘掉摔倒的那一幕，沉着冷静地完成余下动作。妈妈也想成为那样的人呢。"

说实话，我很佩服她的勇气，也很吃惊。不过当一个妈妈如此这般回味这种画面的时候，孩子会感觉妈妈是在说自己。他红着脸不好意思地看着我。我心想这一招还真管用！

朴泰桓在短距离游泳比赛中获胜后，接着去挑战中长度比赛的事例也是一个很不错的教材。"即使仅仅在短距离比赛中获得了金牌，人家已经会对他竖起大拇指了，他还是毅然决然地向下一个目标发起了挑战。即使自己不是被人看好的冠军人选，也要去拼一下。朴泰桓也因此成为一名非常优秀的游泳选手。"朴泰桓在奥运会上勇于挑战的表现，为他赢得了很好的口碑。

在2008年奥运会上，韩国棒球选手们的优秀表现给孩子留下了深刻的印象。选手们克服困难的过程本身就是一本很好的教科书。那些跨越危机的瞬间，在紧张氛围下获胜的过程，对喜爱棒球的孩子来说无疑很动人。对像我一样正在抚养孩子的父母来说，我们应该向他们深深地鞠上一躬以示感谢。

在达人妈妈的故事中，美术爱好者崔妈妈和性教育老师南妈妈的事例也值得参考。当问题困难得让人快要窒息时，就需要一种危机处理方案，也就是要紧紧地抓住孩子的手，守护在他们身边。

来自妈妈的强烈的爱，可以让疲惫的孩子安定下来。随着孩子逐渐长大，妈妈也应该学会放手。

因为受了一点点苦，就感到不放心，不让孩子面对困难的态度是不对的。当孩子经历痛苦时，在一旁精心照料他，稍有好转就放手让他去闯，这样的智慧才令人欣赏。这些妈妈熄灭了孩子心中焦躁的火焰，远远地为孩子祈祷着。

印第安人认为只要进行祈雨祭就肯定会下雨。这是因为他们坚持祈祷，直到真正下雨为止。虽然过去屡遭嘲笑，但现如今印第安祈雨祭却被视为人类精神力的典范，被看成人类最真诚、最美丽的生活姿态。希望大家有时间的话，去看一看高英健博士的《印第安祈雨祭》一书。我很欣慰自己能活在有着如此解释的时代里。

印第安祈雨祭的主人公，身着虎皮的北美拉科塔部落的土著们虽然生活在恶劣的自然条件下，但却从不放弃希望，坚持不懈地进行祈祷。不下雨也不悲观失望，下了雨懂得心存感激。印第安人的这种伟大的"自我炼金术"，为我的内心带来了前所未有的安宁。了解之后你会发现，许多已经离世的伟人其实都有自己的炼金术。

我现在终于理解了，为什么说"人生中最珍贵的就是这种积极肯定的自我炼金术"。我们需要帮助孩子通过自我疗伤找到属于他们自己的炼金术。这个过程中，父母要做的只是从旁协助而已。

做一个堂堂正正的妈妈

人生初期的记忆有着很强的力量。一个人的现在即使再怎么令人费解，当你听到他的成长背景以及他的童年故事时，你或许就会感叹："原来是这样啊！"心理学家弗洛伊德认为，一个人的所有过错都是在儿时酝酿的。学了弗洛伊德的理论后，我可以更好地看透一些人和一些事。

但是他的理论有时也会令我这样小心谨慎的妈妈感到恐惧。因为按照他的说法，孩子的人生受父母影响之深可见一斑。"你们都认真地做好该做的事，不然会有大麻烦的。"他的理论总是以这种方式给人压迫感。难道是因为这个，我和我的孩子才一直这么缺乏自信？在像我一样不完美的家长手里遭受磨难的孩子，他们现在过得怎么样呢？

刚做妈妈时，许多妈妈都很担心孩子有缺点。我也不例外。当然，看到孩子的优点谁都会感到欣慰，但往往最后尝到的却是另一番滋味。这并不重要。要命的是我们总是习惯性地关注孩子的缺点，并用放大镜加以放大。这样下去，抚养孩子会变得无比艰辛，甚至会达到神经过敏的程度。

那时我与刚从美国回来的崔成爱博士搭档准备电视节目，所以曾有机会与她分享了很多话题。通过谈话得知并非只有我一个人有这种错误的观念。崔博士说西方的心理学或小儿精神医学在过去很长的一段时间内，都是先撕裂孩子的伤口，然后再对其进行治疗的。然而几十年努力治疗的结果，换来的却是更加畏缩、更加辛苦、更加没有自信的孩子。

啊！这样做行不通！于是西方学者们又开始重新审视孩子。在他们重新研究了孩子的属性（不对！确切地说，应该是生命的属性）之后，他们恍然大悟。原来与其弥补孩子的不足，不如强化他们的优点。

肯定心理学难道不就是在这种背景下应运而生的吗？1998年，美国宾夕法尼亚大学的马丁·塞利格曼教授在就任美国心理学会会长时，曾这样说过：

"心理学现在有必要将视线从否定的行为转移到肯定的行为上了。我们更加有必要去发现肯定性的行为特征，或者潜在的某种机能，并加以积极培养。"

从此，现代心理学发生了重大的方向转换。如果说以前我们把目光放在了"如何避免不幸"上面的话，那么现在我们关心更多的是"如何变得更加幸福"。这也是数字时代的一个信号弹。

这就好比治疗癌症一样，虽然有必要除掉那个似乎就要置人于死地的肿瘤，但是我们最终还是要凭借自己的力量找回免疫力和自我恢复的能力。粗粮和蔬菜、明净的空气、纯净的水、平和的心态……这些都是治病的肯定因素。我们若想对自己进行诊断治疗，首先应该恢复自己肉体以及精神上的免疫力。

肯定自我，以及肯定孩子。我们需要先从这些层面开始。

我也一样。

在做育儿节目作家的10年时间里，我近距离接触过许多专家和老师。最初我非常依赖专家。值得感谢的是正因为这些真正的专家，我才能对自我免疫力、自我主导的重要性有了更深入的认识。之后我凭借自己的智慧，以及通过看书和不断思索去寻找自己想要的答案。我开始关注一种名叫自我主导方式的育儿方法。在自己稳定下来的同时，孩子也变得更加自信。我了解到妈妈与孩子之间的那根情感连接线远比我们想象中要紧密得多。环顾四周，有几个父母正在走这条路呢？这本书里提到的达人妈妈们都属于这种类型。

达人妈妈们通过肯定自我以及孩子，很早就抓住了育儿的正确方向。当然对她们来说，也曾经有过挫折与失败的瞬间。而这对我来说，听上去反倒更有教育意义。她们的故事似乎在告诉我们，育儿的理论和原则在韩国社会里是可以发挥作用的。或许我们可以说，这就是"现实"。

我认为为我们讲解性教育知识的南妈妈是"伟大的母亲"

的楷模。虽然由于工作的关系，没能在子女小时候给予足够的关心和照顾，但她却从不在孩子面前低头。她跟孩子们说：妈妈在努力地赚钱，努力地工作，并不是去玩。妈妈有自己的人生，也有自己的生活。但是我从来没有忘记自己是一位妈妈的事实。所以当你们觉得累的时候，我会暂时放弃自己的时间，跑到你们身边。我会坐在你们身边，握着你们的手。我也想展示自己的母爱，成为你们需要的妈妈。对于自己的不足，我感到很愧疚，但我不会刻意去伪装自己。

当女儿克服了心理障碍，顺利地升入高中并声称将来一定要考上大学之时，南花爱女士就从教育一线上退了下来，守在女儿身边。她认为自己应该做到这个程度。女儿最终没有辜负她的厚望，在入学考试中取得了很好的成绩。

在生态基地工作的朴妈妈也是一位可圈可点的妈妈。因为周围的事情以及自己的个人问题，她曾一度没能守在女儿身边。然而通过做自己喜欢的工作，也就是生态研究，她提升了自己的高度。之后，她更是毫无保留地将其所学传给了女儿。她对女儿说："当你在成长的阶段时，妈妈一只手牵着你，另一只手还在学习。虽然不能将两只手都放在你的身上，但是如果妈妈那时没有学习的话，也不能获得像现在这样的崭新生活。我想正是妈妈留下的那部分空缺，才让你变得如此坚强。"

难道不正是因为妈妈这种自信的心态，女儿孝茵才成长为一个精明能干的孩子吗？孩子也许能察觉到，当妈妈背对着自己的时候，她的目光朝向哪里？是浪费在没用的地方了，还是为了成为一个健康崭新的妈妈而暗自努力？这微妙的差异，不正决定了孩子将来会走上一条独立性很强的道路，还是一条彷徨的道路吗？

不过，常理并非总是正确的，达人妈妈们的经验也不见得是我们唯一的依靠。但是如果我们能够很好地吸取她们的经验教训，我想至少可以找到一些如何在韩国社会现实抚养孩子的思路。

参考邻家前辈们的育儿经验，读读肯定心理学观点的书籍，然后再好好思考一番，我想我们可以做到如下两点。

第一，孩子所有的错误和瑕疵都是由妈妈造成的。我们要从这种强迫观念中解脱出来。

第二，我们要发挥自己的母性特长，推动孩子在他们擅长的领域不断前进。

这样既可以让妈妈幸福，也可以让孩子幸福。幸福的力量是巨大的。想想自己的优点，我立马就会觉得很幸福。积极肯定的心理充斥着我，我想一切都会好起来的。我终于可以从育儿误区中走出来了。

人无完人。再伟大的母亲，也有不完美的地方。举例来说，我不太擅长制作和裁剪工作，而我的邻居兼同事文京熙在这方面就很出色。她陪女儿一起做剪纸粘贴、一起制作美食，而我的孩子却一个人孤独地做什么美术游戏。起初我感到很难过。但我马上摇摇头，心里默默地对孩子说：

"京元啊，你命中注定会遇上我这样的妈妈。虽然不是样样都会，但是有些方面我还是把你照顾得很好吧？"

本书中出现的各位韩国妈妈告诉我们，在发挥母爱作用方面，我们一定要倾尽全力，但不要奢望方方面面都得做好。我们要在力所能及的范围内，当一个值得孩子尊敬的妈妈。为此，我们要经常对孩子说：

"孩子呀，在你擅长的方面好好努力吧，别想着什么都做好。要懂得，这样你才能成为一个不错的孩子。"

我不希望看到孩子因为想做好所有事情而陷入抑郁症的情况。我也不希望我的不孝子来到我的坟前痛哭流涕。因为那将反衬出我是多么的不幸，也暗示着我的孩子要在痛苦和悔恨中生活下去。嗯，绝对不能这样！

同样，我也不希望孩子为了父母的面子刻意地做些什么。如此获得的成功毫无光彩可言，我无法接受。我希望能和孩子一起静静地分享幸福这块蛋糕以及今天的生活。我希望怀着这种心情活下去。

"妈妈，这样就足够了。对我来说，妈妈是个好妈妈。"

如果要用现代的词汇来表达温尼科特的"伟大的母亲"这一概念的话，我觉得"达人妈妈"这个词就很恰当。

做一个好妈妈，你我都可以。

特别鸣谢

在遇到好老师的时候，母性会变得更加有智慧。

韩国儿童成长专家金秀妍老师，唤醒幼儿教育模式的申意珍老师，将教育学与心理学完美结合在一起的崔成爱、赵壁博士，教给我们儿童健康知识的夏正勋老师，为我们全盘展示认知教育的金美罗、崔正金、金真久老师，告诉我们孩子如何才能在学校里好好学习的金强日老师（《一生的成绩取决于小学四年级》作者），教给我们读书基本要义的童话评论家金西贞老师，认为想抚养好子女的话，首先要与丈夫之间建立和睦关系的夫妻专家金炳侯老师，告诉我们如何与包括丈夫在内的世上所有的人沟通，并建立良好关系的精神科专家夏志贤老师……这样的老师多不胜数，在此无法一一提及。我要向他们表示衷心的感谢。

我要感谢与我一起做韩国教育电视台"父母一小时"节目的全体工作人员、作家同事、PD（节目制作人），等等。无论是在节目内还是节目外，我们总是在思考什么是"好父母"，大家一直都很合得来。另外，我还要谢谢姜英淑、孙福熙制播导演，还有一起制作"纪录片——妈妈变了"的金东关制播导演。能和各位一起探索什么是"好父母"，我感到非常幸运。

在家庭的帮助下，母爱可以得到进一步的发挥。我的运气很不错，我去世的妈妈沈熙秀就曾用亲身实践告诉我怎样才称得上是一个好妈妈。我十分想念她。直到现在，我还经常会梦见她。

写这本书期间，我那年过八旬的老父亲郑石远以及我的岳父母都一直健康快乐地生活着，这也让忙碌的我少了一份担心。还有虽然远在国外，但一直关心我的姐姐郑美珍，以及为人宽厚的姐夫安吉慈（像亲哥哥一样待我的大伯家的铉机昌）。我要衷心地感谢达人妈妈们，我从她们那里学到了很多母性的优点。我的弟弟郑振浩和弟妹任成熙，他们代替我承担了家庭的责任。在我写此书期间，我的另一个弟弟郑济浩离开了人世。重病期间，小弟妹对他照顾得无微不至，我爱他们。济浩啊，我一辈子也不会忘记你的！

儿子和丈夫的牺牲也很大。

我的儿子京元啊！在写此书的每一句话的时候，我都想到了你。很感谢你能来到像我这样的妈妈身边。

还有我的丈夫基镇。总是抽空陪我去树林里散步，让我"休息"和"思考"。你的灵感对本书的完成功不可没。你身上那种特别的感性气质让我对你的爱永不枯竭。我爱你！

谢谢曾经帮助过我的所有的人，谢谢你们！

郑在恩 敬上

特别鸣谢